DRA. TARA SWART
UMA DAS MAIS RECONHECIDAS NEUROCIENTISTAS DA ATUALIDADE

O PRINCÍPIO

APRENDA O SEGREDO DAS MENTES VISIONÁRIAS E TRANSFORME SUA VIDA

São Paulo
2024

Grupo Editorial
UNIVERSO DOS LIVROS

The source - open your mind, change your life
© Tara Swart, 2019

© 2024 by Universo dos Livros
Todos os direitos reservados e protegidos pela Lei 9.610 de 19/02/1998.
Nenhuma parte deste livro, sem autorização prévia por escrito da editora, poderá ser reproduzida ou transmitida sejam quais forem os meios empregados: eletrônicos, mecânicos, fotográficos, gravação ou quaisquer outros.

DIRETOR EDITORIAL
Luis Matos

GERENTE EDITORIAL
Marcia Batista

PRODUÇÃO EDITORIAL
Letícia Nakamura
Raquel Abranches

TRADUÇÃO
Cássio Yamamura

PREPARAÇÃO
Ricardo Franzin

REVISÃO
Tássia Carvalho e
Nathalia Ferrarezi

ARTE
Renato Klisman

PROJETO GRÁFICO
E DIAGRAMAÇÃO
Francine C. Silva

CAPA
Renato Klisman

ILUSTRAÇÕES
Ollie Mann

Dados Internacionais de Catalogação na Publicação (CIP)
Angélica Ilacqua CRB-8/7057

S977f

    Swart, Tara
    O Princípio : aprenda o segredo das mentes visionárias e transforme sua vida / Tara Swart ; tradução de Cássio Yamamura. –– São Paulo : Universo dos Livros, 2024.
    240 p.

    ISBN 978-65-5609-196-9
    Título original: *The source – open your mind, change your life*

    1. Autoajuda 2. Desenvolvimento pessoal I. Título II. Yamamura, Cássio

18-0182

CDD 813.6

Universo dos Livros Editora Ltda.
Avenida Ordem e Progresso, 157 — 8º andar — Conj. 803
CEP 01141-030 — Barra Funda — São Paulo/SP
Telefone: (11) 3392-3336
www.universodoslivros.com.br
e-mail: editor@universodoslivros.com.br

A Robin – marido, melhor amigo, alma-gêmea.
E a Tom – meu filho e surpresa inesperada!

"Algumas pessoas parecem atrair sucesso, poder, saúde e conquistas sem muito esforço consciente; outras conseguem essas coisas com muita dificuldade; há, ainda, as que falham totalmente em atingir seus ideais e ter suas ambições e desejos realizados. Por que isso acontece? A causa não pode ser física [...] portanto a mente deve ser a força criativa, deve constituir a única diferença entre as pessoas. Sendo assim, é a mente que vence o ambiente e qualquer outro obstáculo [...]"

CHARLES HAANEL, *A CHAVE MESTRA* (1919)[*]

---

[*] São Paulo: Universo dos Livros, 2020, p. 11. (N.T.)

Sumário

Prefácio: um retorno ao Princípio 9

Introdução 17

Parte I: Ciência e espiritualidade 29
   1. A Lei da Atração 31
   2. Visualize 61

Parte 2: O cérebro elástico 71
   3. Seu incrível cérebro: a gênese do Princípio 73
   4. Sua mente maleável: como reconfigurar suas vias neurais 93

Parte 3: O cérebro ágil 109
   5. Agilidade cerebral: como alternar rapidamente entre
      formas diferentes de pensar 111
   6. Emoções: seja o mestre de seus sentimentos 121
   7. Fisicalidade: conheça a si mesmo 133
   8. Intuição: confie em suas vísceras 145
   9. Motivação: manter a resiliência para atingir seus objetivos 151
  10. Lógica: tome boas decisões 161
  11. Criatividade: projete seu futuro ideal 169

Parte 4: Desperte o Princípio 175
  12. Passo I: atenção elevada – desligue seu piloto automático 179
  13. Passo 2: o quadro de ações 191
  14. Passo 3: atenção concentrada – a neuroplasticidade em ação .. 201
  15. Passo 4: prática deliberada – o Princípio ganha vida 217

Conclusão: Mantendo o Princípio 227

Referências bibliográficas 229

Agradecimentos 231

Nota da autora 232

Notas 233

Prefácio: um retorno ao Princípio

"Porém, a ameaça dos anos não me abala nem
me abalará [...]
Sou o mestre do meu destino;
Sou o capitão de minha alma."

"Invictus", William Ernest Henley

Oportunidades transformadoras passam por nós diariamente, como um encontro ao acaso com um possível parceiro ou um comentário que pode abrir portas para uma nova carreira. Nossas vidas frenéticas fazem com que esses momentos efêmeros passem desapercebidos. Contudo, com a ajuda certa, podemos treinar nossas mentes para que notemos e aproveitemos essas oportunidades, aprendendo a transformar uma fração de segundo em uma mudança duradoura. O motivo disso é que as coisas que mais queremos na vida – saúde, felicidade, prosperidade e amor – são regidas por nossa capacidade de pensar, sentir e agir; em outras palavras, por nosso cérebro.

Há muito tempo, esta tem sido a promessa da corrente de pensamento *New Age*: de que podemos controlar nosso destino remodelando nossas mentes. Apesar dos céticos, sistemas como *O Segredo* e seus sucessores foram usados por anos e anos. Por quê? Porque, se deixarmos o misticismo de lado, alguns dos conceitos que os fundamentam são extremamente poderosos. Além disso, eles agora têm ganhado o respaldo das mais recentes descobertas da neurociência e da psicologia comportamental.

Sou médica com especialização em psiquiatria, neurocientista, coach executiva e palestrante na área de desempenho mental. Minhas pesquisas e minha experiência me convenceram de uma coisa: da nossa capacidade de mudar ativamente a forma como nossas mentes atuam. A psicologia baseada em evidências e a ciência têm comprovado que todos temos o poder de fazer com que as vidas que desejamos se manifestem.

Isto é pessoal: segui minha própria jornada para entender que o elemento-chave para criar a vida que eu sonhava ter residia em meu cérebro – que eu chamo de "o Princípio". Neste livro, compartilharei a forma de pensar e as técnicas que funcionaram para mim e para meus clientes, além de neurociência e pesquisas psicológicas de ponta, tudo compilado em um conjunto de ferramentas rigorosas e comprovadas para liberar sua mente. Se você estiver aberto a mudanças e seguir esses passos simples, estará pronto para aproveitar melhor essas oportunidades transformadoras e atingir seu potencial máximo.

Filha mais velha de imigrantes indianos, fui criada na região noroeste de Londres nas décadas de 1970 e 1980 em meio a uma curiosa mistura cultural de crenças, comidas e idiomas. Aprendi rapidamente a me adaptar às várias ideias ao meu redor, mas, no fundo, sentia-me em conflito. Em casa, ioga e meditação eram parte da rotina diária, nós nos atínhamos a uma dieta ayurvédica completamente vegetariana (na qual se considerava que a cúrcuma curava qualquer coisa) e tínhamos que oferecer a comida a Deus antes de comer. Meus pais tentaram explicar as vantagens dessas práticas, mas elas não me pareciam plausíveis, e eu só queria ser mais parecida com meus amigos. Sonhava com uma vida simples na qual o que ocorria em casa estivesse em harmonia com o mundo ao meu redor.

Na escola, meu irmão mais novo e eu nunca mencionávamos o conceito de reencarnação, mas, em casa, tínhamos que venerar nossos ancestrais com rezas, queima de incensos e ofertas de comida, com a certeza de que eles caminhavam em outra dimensão e eram capazes de afetar nossas vidas. Para minha surpresa, era geralmente aceito na minha família que eu representava a reencarnação de minha falecida avó. O suposto arrependimento dela por não ter tido uma educação formal (ela havia crescido em um vilarejo na Índia) levou ao peso da expectativa de que eu me tornasse médica, a profissão mais respeitada em minha cultura, quase divina, por sua associação com a vida e a morte. Passei os tempos de escola e de faculdade seguindo com dedicação esse trajeto que havia sido definido para mim, sem o questionar.

Creio que fui atraída pela psiquiatria e pela neurociência durante meus primeiros anos na universidade, quando tentava compreender a mim mesma: quem eu de fato era e qual seria meu propósito de vida se tivesse a liberdade de escolhê-lo. Quando estava na casa dos vinte anos, rejeitei minha herança cultural para tentar me livrar das enormes expectativas colocadas sobre mim durante a infância. Saí de casa e fui morar com meus amigos da universidade; passei a me interessar por moda e a me expressar mediante as roupas que usava, viajei pela Europa e, em seguida, para a África do Sul, e me aventurei no território desconhecido de ter um namorado. Conheci meu futuro marido quando ambos trabalhávamos com psiquiatria; nós nos mudamos para a Austrália e mais tarde fomos morar em Bermuda, e tudo isso expandiu minha visão de mundo e minha compreensão sobre povos e culturas. Mas o grande ponto de virada ocorreu aos meus trinta e poucos anos, quando sofri enormes crises pessoais e profissionais ao mesmo tempo.

Estava cada vez mais infeliz com meu trabalho de psiquiatra, desgastada pela carga horária, pela quantidade de trabalho e pela sensação de não conseguir fazer uma diferença real na vida de meus pacientes. Testemunhei muito sofrimento humano e vi o quanto a vida era difícil e cruel para as pessoas mentalmente vulneráveis. Preocupava-me profundamente com meus pacientes, e tinha a sensação incômoda de que eles mereciam mais do que apenas medicamentos e internação. Sentia que uma dieta mais saudável e um senso de bem--estar teriam resultados cumulativos para a recuperação deles. Para mim, havia algo de negativo em se focar apenas na doença, fazendo com que, no melhor dos casos, o objetivo fosse um retorno à normalidade. Sabia que havia um lugar por aí no qual um resultado bom poderia ser ainda melhor e sentia que eu contribuiria mais para o mundo se conseguisse atuar de uma maneira que buscasse aperfeiçoar a saúde, em vez de apenas tratar sintomas agudos depois do ocorrido. Por fim, decidi abandonar meu trabalho da época e tentar fazer algo a respeito. Ao mesmo tempo, meu casamento desmoronou, e isso exerceu um impacto devastador em minha identidade e autoconfiança. Sentia que estava me afogando, sem nada a que me agarrar e sem que houvesse terra à vista. Precisava dominar minha resiliência mental pelo meu próprio bem e pelo bem dos outros.

Passava por dificuldades com meu senso de identidade, pensando no que eu faria com meu futuro e tentando entender o que causara a deterioração do meu casamento. Eu tive que aprender quem eu era fora da parceria que havia sido o alicerce do meu período adulto de formação. Passei por pontos baixos que não consigo descrever com palavras, mas apenas com gritos primitivos de desespero e sentimento de perda. Porém, o fundo do poço me deu uma nova perspectiva: a partir daquele momento, surgiu uma determinação que eu desconhecia possuir, assim como a sensação de estar em uma jornada na qual eu precisava avançar por conta própria para realmente cumprir meu potencial.

Alguns anos antes, quando minha situação era melhor, havia me inteirado sobre os conceitos de pensamento positivo e visualização criativa. Eu ainda era médica, tinha cerca de trinta anos, estava numa viagem pelo mundo e feliz com o casamento. Sentia-me bastante despreocupada. Lia vários livros de desenvolvimento pessoal porque estava interessada em budismo e em psicologia jungiana. Isso era visto como algo bastante "alternativo" por meus colegas com treinamento médico, que, no geral, desdenhavam de livros de autoajuda, mas eu acreditava que havia lugar e hora para todos os tipos de ideologia. Li um livro conhecido como a "bíblia do pensamento positivo", o que era mais esotérico. O livro era *A chave mestra*, escrito por Charles F. Haanel e publicado originalmente em 1916. Ele combinava crenças como a Lei da Atração ao poder da visualização criativa e da meditação. Não fiz nenhum dos exercícios passo a passo propostos no livro, mas me identifiquei com o que ele dizia e decidi voltar a ele em outro momento "*se* algum dia eu precisasse". Esqueci-o por anos. Só depois da implosão da vida que construíra com tanto carinho – o fim do meu casamento, uma mudança radical na carreira, morar sozinha e começar um novo negócio – é que me vi novamente atraída por ele.

Fiquei fascinada com o poder que os exercícios do livro tinham. Cada semana me levava a descobertas mais e mais profundas sobre os padrões de pensamento que permitiram que minha vida saísse de controle, e pude compreender que dominar minhas emoções para fazer com que elas atuassem em meu favor, em vez de me sobrecarregarem, era a resposta. Era uma escolha! As visualizações, em especial, traziam revelações poderosas em comparação à análise excessiva de cada situação. A partir da sensação de afogamento, criei um pequeno

O PRINCÍPIO

bote ao qual eu podia me agarrar pelo tempo que fosse necessário. Mais adiante havia uma ilha, e tive uma visão na qual eu estava com os pés na areia dourada, com a água se afastando de mim e o sol me aquecendo; a chegada de um dia em que eu estivesse segura e fortalecida. Além disso, passei a cultivar o hábito de fazer quadros de ações anuais. Como veremos mais adiante, quadros de ações são colagens criadas para simbolizar metas e aspirações, que mantêm a pessoa motivada a alcançá-las. Meus quadros começaram com pequenas vitórias, mas acabaram se tornando algo mais poderoso do que eu jamais poderia ter desejado. Ainda tenho meus quadros de anos passados; é impressionante quantas coisas neles contidas se tornaram realidades para mim, até nos mínimos detalhes.

Senti que tinha um grande poder sobre minha vida. Percebi também o impacto que poderia exercer sobre outras pessoas e até mesmo sobre o mundo se seguisse minhas paixões e, ao mesmo tempo, educasse as pessoas. Sempre acreditei na importância da abundância e da generosidade (esses eram valores intrínsecos importantes para mim), mas a surpresa foi que espalhar esse conhecimento mundo afora – para amigos, familiares ou pacientes – se tornou mais importante que ir atrás do que eu precisava para sobreviver. Pude me ver evoluindo e me transformando de maneira fundamental. Mais crucial que isso foi que meu aprendizado se manifestou de uma maneira fascinante de decodificar mediante meu conhecimento de neurociência e psiquiatria. Consegui fazer meu cérebro atuar de forma diferente para sustentar minha nova forma de viver.

Conforme eu batalhava para criar um novo caminho, mudando meu foco para a ciência do aproveitamento máximo do cérebro, passei a entender de forma mais plena como podemos usar a potência de nosso cérebro para nos orientarmos para a vida que desejamos. Construí e refinei minha interpretação e meus ensinamentos conforme ficava consistentemente mais determinada a dedicar minha vida profissional a revelar os segredos do cérebro.

A neurociência se desenvolveu de forma gigantesca durante minha vida adulta, em grande parte devido ao advento das tecnologias de neuroimagem. Esses avanços deram respaldo a coisas que eu intuitivamente sentia, mas hesitava em confiar, ajudando a sustentar também conhecimentos antigos de minha herança cultural que antes não se misturavam com a vida ocidental moderna. A neuroimagiologia mudou nossa visão sobre a influência do cérebro e sobre a importância tanto da força quanto da saúde mentais; além disso, liberou o poder tremendo da plasticidade cerebral e de tudo o que ela significa para todos nós.

Diante dos paralelos profundos com meu crescimento e minha metamorfose emocional, fui capaz de atrelar firmemente quem eu sou àquilo que eu faço, e passei a acreditar que poderia ajudar outras pessoas a fazerem o mesmo. Para isso, tudo o que tinha de fazer era me dedicar àquilo em que eu era boa e encontrar as coisas positivas em minha vida (em vez de me concentrar no que havia de errado), pois, em seguida, isso teria um impacto em tudo o que eu tocasse.

O meu entendimento de neurociência e minha busca para explorar filosofias esotéricas começaram a se parecer menos com polos de pensamento anômalos e mais com dois elementos fundamentais que atraíram um ao outro de modo a criar algo novo. As experiências de meus amigos, parentes, pacientes e clientes de coaching alimentaram minhas ideias e continuamente deram exemplos da verdade que havia em meus ensinamentos. Eu enfim estava trabalhando com algo que queria de verdade, e isso tinha uma influência recompensadora aonde quer que eu fosse. Rodeei-me de pessoas que, eu sabia, apoiavam tanto a mim como o que eu tentava realizar. Fiz um quadro de ações todo ano, sem exceção. Mantive um diário para acompanhar meus pensamentos e reações emocionais a tudo o que ocorria, aos poucos me orientando em favor da confiança e da gratidão em vez de culpar os outros ou evitar responsabilidades reais. Eu era plenamente independente e podia confiar em mim mesma para utilizar meus recursos internos, mesmo em situações que outrora eu achava ser incapaz de aguentar. Tive epifanias cumulativas, fundindo o que eu aprendera sobre as filosofias do leste asiático com ciência cognitiva e criando um novo manifesto sobre um modo de viver. Ao longo do tempo, essas mudanças levaram a imensos saltos na abrangência e escala do meu trabalho, e me fizeram encontrar segurança e satisfação pessoal de um modo que nunca imaginei ser possível.

O que ofereço a você de forma atualizada, cientificamente embasada e secular é: meu aprendizado e minhas experiências aliados à ciência; meu modo de reconfigurar o cérebro para que ele oriente nossas ações e emoções rumo à materialização de nossos sonhos mais profundos. Compreender e assumir o controle de nosso cérebro são os elementos-chave, e esse é o poder que envolve o uso do Princípio. Precisei de nove anos na universidade, de sete anos de prática da psiquiatria e de dez anos como coach executiva pra chegar onde estou. Mas compartilharei, neste livro, o segredo para você se tornar mestre de seu cérebro e transformar sua vida.

Dra. Tara Swart, Londres

Introdução

"Independentemente de você acreditar que é capaz
ou não, você está certo."

HENRY FORD

Há muito tempo, nós, humanos, caminhávamos pela superfície da
Terra em meio a outros primatas e animais maiores, mais fortes
e mais ágeis. Não éramos especiais ou extraordinários em comparação a qualquer outra criatura que existia neste planeta. Nosso crânio
era menor do que o que temos hoje, contendo em sua maior parte
o sistema límbico – a antiga e profunda parte emocional e intuitiva
do cérebro –, rodeado por uma fina camada do córtice. E então...
descobrimos o fogo.[1]

Não sabemos se evoluímos de forma natural, desenvolvemos um
córtice maior e com isso nos tornamos capazes de utilizar ferramentas e criar fogo; ou se tudo começou com uma faísca ao acaso que
mudou o mundo. Mas nós utilizamos o fogo não apenas para nos
aquecer, mas também para assar a carne e, assim, digerir proteínas
de maneira mais eficiente. Nosso sistema digestório diminuiu e des-
viamos recursos para aumentar o córtice cerebral, que depois de um
tempo se tornou tão denso quanto o sistema límbico que ele rodeia.
Esse rápido desenvolvimento do córtice foi o maior ponto de virada
na evolução cognitiva da humanidade e fez de nós, sem sombra de
dúvida, o animal mais bem-sucedido deste planeta.

Com o crescimento da parte moderna e racional do cérebro, vieram a fala articulada e a capacidade de prever o futuro e planejá-lo de
acordo. Conforme ficávamos mais lógicos e aptos a nos comunicar e
a coexistir em tribos maiores, passamos a falar mais e *sentir* menos.
Afastamo-nos das emoções para pôr em seu lugar lógica e fatos, e a
sobrevivência mediante competição se tornou o meio para um fim.
Perdemos a noção de abundância que havia nos levado até ali, e a
noção de que havia recursos suficientes para todos. Abandonamos

nosso relacionamento com o destino: precisávamos *controlar* o porvir e *ter* mais do que os outros. Abrimos mão dos laços advindos das coisas simples da vida – como nos sentar à fogueira contando histórias, olhar para as estrelas ou andar descalço na natureza – em favor da agricultura e da criação de indústrias nas quais o poder e o *status* eram mais fortes que a colaboração ou a coexistência pacífica. Paramos de *ser* e passamos a *fazer* várias coisas, deixando nossa existência em uma forma de piloto automático que não éramos capazes de desligar.

Milênios depois, vivemos em um mundo no qual a lógica é exageradamente valorizada, emoções são vistas como fraqueza e há pouco ou nenhum espaço para decisões baseadas na intuição. Esquecemo-nos de onde viemos. Ao longo do tempo, deixamos de lado o sistema límbico que nos levou até o momento crucial de nossa evolução e colocamos nosso córtice em um pedestal. Desqualificamos a profundidade, a paixão e o instinto, e passamos a confiar em capacidades superficiais (como exames, aprendizagem mecânica e relacionamentos baseados em interesse) que estão mais associadas a ganhos materiais do que à alegria real. Vivemos uma vida dominada pelo estresse e estamos ocupados demais para notar de fato quem somos, para onde estamos caminhando e o que queremos da vida. Estamos agora em um momento no qual a tecnologia vai alterar nossas mentes e corpos mais do que somos capazes de imaginar. Estamos no limiar de uma mudança gigantesca.

Fé na ciência

O que está acontecendo em nosso cérebro neste momento, no meio de todas essas mudanças? Quando eu era mais nova, aparelhos de neuroimagem nem sequer existiam. Agora, com a obtenção de imagens sofisticadas de cérebros saudáveis, podemos verificar de fato a "aparência" dos pensamentos e como a raiva, a tristeza e a alegria aparecem no cérebro. Por meio da neuroimagiologia e de outras pesquisas, podemos evidenciar o impacto que os hábitos e os relacionamentos entre pais e filhos exercem sobre o cérebro das crianças. E hoje entendemos que tudo, desde exercícios físicos e meditação a relações sociais e estresse, molda e altera constantemente nosso cére-

O PRINCÍPIO

bro adulto. Isso nos dá um novo contexto para interpretar conceitos de outras épocas.

Até então, os defensores mais conhecidos da ideia de que podemos criar a vida que queremos caso mudemos a forma como pensamos eram universalmente criticados por cientistas, em razão de suas sugestões de que pensamentos eram, em si, "magnéticos", com uma frequência de vibração que percorre o universo e gera um efeito. Essas alegações de "vibrações" e "ressonâncias" não eram baseadas em ciência empírica. Por causa disso, ater-se a elas era, até então, uma profissão de fé: era pedir que escolhêssemos acreditar que, se pensássemos de forma positiva, atrairíamos muitos elementos desejados em nossa vida. Isso pode causar a impressão de que falamos de um processo passivo, de que podemos ficar sentados em casa ou em uma ilha deserta e milagrosamente mudar o mundo. É claro que isso é impossível, e, para um ouvido cético, defensores da Lei da Atração, "materialização" e "abundância" fazem a coisa toda parecer um manifesto a favor de pensamentos mágicos.

Porém, assim como a ciência moderna nos mostra que práticas antigas, como a da atenção plena e muitos princípios médicos do ayurveda, trazem benefícios observáveis e embasados, o nosso entendimento sobre a neuroplasticidade (a habilidade do cérebro de flexionar e mudar) mostra que direcionar nossos pensamentos pode influenciar não apenas nossa percepção da "realidade", mas também as circunstâncias de nossa vida material, os nossos relacionamentos e as situações que atraímos ou toleramos em nossas vidas. A forma como pensamos determina nossa vida. É uma ideia simples, mas poderosa. Nosso cérebro cresce e muda ativamente durante a infância. Já adultos, precisamos *conscientemente* nos direcionar para crescermos e nos desenvolvermos como pessoas. O quanto podemos usar a flexibilidade inerente ao cérebro para melhorar nossa experiência de vida é algo estarrecedor, e esse conceito sustentará toda a teoria e a prática delineadas aqui.

Contrariamente à pseudociência que caracteriza grande parte do movimento da Lei da Atração, eu, como neurocientista e médica com longa experiência em psiquiatria, faço essas alegações na posição de autoridade informada. Minha abordagem baseia-se fortemente na conexão comprovada entre cérebro e corpo, no conceito de que os dois estão indissociavelmente ligados e exercem efeitos indiretos um sobre o outro, geralmente por meio do sistema neuroendócrino (que inclui todas as nossas glândulas e hormônios) e do sistema nervoso autônomo (isto é, todos os nossos nervos, fora o próprio cérebro e a medula óssea). Nossa capacidade de prosperar é regida pela condição física de nosso cérebro (emocional e lógico) e pela qualidade dos pensamentos que dele permitimos emergir. Sejam quais forem a sua condição e a sua qualidade atual, a elasticidade de nosso cérebro permite que mudemos as nossas trajetórias cerebrais – e, consequentemente, a trajetória de nossas vidas – para um amanhã melhor.

Às vezes, teremos que desafiar as consequências de nossa "fiação" evolutiva e nos reconfigurar para pensar de uma forma mais ágil e positiva. Mas agora é hora de agir. Não se trata de fé ignorante, mas de fé baseada em ciência.

Nosso cérebro em piloto automático

Comecemos refletindo sobre como pensamos. O primeiro passo para liberar o poder de nosso cérebro é deixar de considerá-lo algo banal: nosso cérebro é nosso maior recurso; ele controla nossa vida de forma crucial: nossa confiança, relacionamentos, criatividade, autoestima, razão de viver, resiliência e muito mais.

A cada milissegundo, os nossos 86 bilhões de neurônios (células cerebrais) interpretam e reagem à enxurrada de informações sensoriais que recebem de nosso corpo e do ambiente, processando e arquivando essas informações de acordo com o que o cérebro acha que elas "significam". Esses neurônios estão sempre disparando, fazendo conexões e construindo "vias" conforme reúnem emoções, ações, memórias e conexões.

Isso ocorre geralmente de modo inconsciente, e todos agimos com base nesse sistema de retroalimentação, ajustando e reajustando nossas reações em tempo real ao elemento desencadeador percebido. Informações vêm do mundo externo e nós respondemos a elas com base em um reconhecimento de padrões, que se torna cada vez mais enraizado conforme amadurecemos e nos tornamos mais firmes ou confiantes de nossas trajetórias. De fazer o mesmo trajeto para o trabalho diariamente (na maioria das vezes, sem sequer registrar os arredores ou as ruas que percorremos) a seguir modelos de relacionamento já conhecidos (e insatisfatórios), vivemos grande parte de nossas vidas em "piloto automático". Quase sempre sem questionar, visto que, por meio da repetição, esta se torna a via-padrão em nosso cérebro; quanto mais tempo passamos fazendo algo, mais improvável é que questionemos esse algo, seja nossa cor favorita, seja nossa escolha de parceiro romântico.

Seguir esse piloto automático significa que a vida segue padrões bastante familiares, o que é muito mais eficiente para o cérebro, já que dele se exige menos energia. Além disso, o cérebro é configurado para temer mudanças, que ele interpreta como "ameaças", para as quais cria uma resposta de estresse que nos impede de assumir riscos e diminui a energia dedicada às funções executivas (como regular emoções, desautorizar vieses, resolver problemas complexos e pensar de forma flexível e criativa) para nos manter em segurança. O cérebro opta por recompensas imediatas e pelo caminho mais fácil, mesmo que não seja a melhor opção para nós. No piloto automático, não questionamos de onde vêm nossos hábitos arraigados e se eles ainda têm alguma serventia; desligamo-nos e deixamos a vida fazer o que quiser conosco, imaginando que a maior parte do que ocorre está fora de nosso controle. Mas cada coisa que fazemos reforça um padrão ou uma via e consolida o comportamento de nossos pilotos automáticos. Ao fazermos isso, o conceito de que as coisas são o que são nos convence ainda mais de que a vida atua sobre nós e de que somos, no geral, incapazes de controlá-la. Contudo, a neurociência nos mostra que podemos recuperar o controle sobre nossas mentes ao refazer a fiação e as vias em nosso cérebro para realizar mudanças positivas e duradouras em nossas vidas.

O Princípio

O Princípio é essa entidade incrível, complexa e sofisticada que conhecemos como o nosso cérebro *inteiro* – não apenas o córtice e nossas habilidades de decisão baseada em dados. O verdadeiro poder do cérebro reside na sua capacidade de combinar o que pensamos com o que sentimos – o córtice *e* o sistema límbico juntos –, com o que nosso instinto nos diz e com as sensações em nosso corpo como um todo. Isso cria uma experiência de vida da qual podemos de fato sentir-nos donos; uma experiência repleta de confiança em nossa habilidade incrível de navegar pelas circunstâncias com cada parte do corpo harmonizada e plenamente imersa.

A vida não precisa se resumir a medos e meias medidas, tampouco a arrependimentos do tipo "e se...". Cada um de nós tem em seu cérebro a capacidade de viver de forma plena, audaciosa, sem pudor ou tristeza. Aprendi, ao combinar minha herança cultural à medicina moderna e à neurociência, que, se acessarmos o potencial máximo de nosso cérebro, podemos viver de forma muito, muito diferente de como vivemos até hoje.

O cerne do uso do Princípio consiste em desenvolver um nível de consciência em relação a nossas vias neurais e a padrões presentes nas atividades dessas vias que ditam como reagimos inconscientemente a eventos e elementos desencadeadores (como perder a calma em vez de se recolher, comer emocionalmente ou buscar ajuda). Prestar mais atenção a nossas reações e comportamentos pode nos ajudar a moldar essas reações de acordo com os desafios que encontramos em nossas vidas. A consciência sobre o nosso próprio estado mental e o de outras pessoas rege nossas interações sociais mais complexas e importantes: compreender a cognição alheia é o que chamamos de "teoria da mente", e a usamos para interpretar, entender e prever as ações das pessoas ao nosso redor.

Há vantagens óbvias em ser proficiente em entender o que motiva as ações dos outros, e um exemplo extremo de não ser capaz de fazer isso pode ser observado no espectro autista. Podemos adquirir mais habilidades desse tipo usando o poder da neuroplasticidade (ou seja, nossa capacidade de aprender e mudar) e da agilidade cerebral para pensar com o cérebro inteiro em uma gama de situações e com pessoas de diferentes tipos.

Desenvolver a metacognição, ou "pensar sobre o pensar", e tornar-se consciente de seu estado de consciência em vez de agir no piloto automático é um dos principais objetivos ao se usar o Princípio. A metacognição é uma função do córtice pré-frontal, e o termo deriva do prefixo "meta", que significa "transcendente a". O córtice pré-frontal monitora sinais sensoriais de outras regiões e usa sistemas de retroalimentação para direcionar nosso pensamento, atualizando nosso cérebro de acordo com o que ocorre no mundo externo. A metacognição contempla toda a autofiscalização e o monitoramento de nossas memórias, nossa consciência e nossa autopercepção – habilidades cruciais para controlar nosso próprio pensamento e obter o máximo de nossa consciência e de nosso potencial para aprender e mudar.

Meu programa de quatro passos para despertar o cérebro por completo e atingir seu potencial máximo é produto de uma compreensão neurocientífica e psiquiátrica do cérebro bem-estabelecida e atualizada com ciência cognitiva de ponta. Uma quantia saudável de apoio esotérico e espiritual também está incluída no programa. Exploraremos em detalhes a neurociência por trás da sua habilidade de "criar" o seu futuro – a Lei da Atração e como você pode treinar seu cérebro para fazer seus sonhos se "materializarem". Usando informações da ciência do século XXI, examinaremos o poder da visualização criativa e por que ele funciona, e também o que acontece dentro do cérebro quando você canaliza pensamentos positivos de forma proativa. Discutiremos como usar quadros de ações para dar foco a suas intenções e como isso lhe possibilitará construir uma vida fiel a suas necessidades e desejos mais profundos. O resultado é um coquetel potente que reconfigurará sua forma de pensar e sua motivação, dando um fim à negatividade.

O Princípio e você

Este livro é um guia para a vida que combina ciência e espiritualidade de uma forma prática e com uma mentalidade aberta. Quero que você seja capaz de despertar seu cérebro e de liberar seu potencial pleno, de forma que faça com sua vida o que realmente quer, desligando o piloto automático e tomando as decisões necessárias para avançar. Somos todos vítimas de comportamentos e padrões de pensamento negativos, de hábitos que facilitam a vida, mas não são úteis para nossa felicidade, e de emoções que limitam nossas escolhas de vida. Porém, se essas coisas determinam o modo como você vive, é preciso encontrar um jeito de escapar dessa situação. Essa é sua oportunidade de encarar de fato suas necessidades e desejos mais profundos, e de fazer a vida atuar *para* você, e não *sobre* você.

Observe as afirmações a seguir e veja com quantas delas você se identifica. Se perceber que está assentindo com a cabeça, este livro é para você.

RELACIONAMENTOS

- Eu me importo mais com as outras pessoas do que comigo.
- Tenho dificuldade em encontrar e nutrir relacionamentos saudáveis, e sinto que há um padrão nos problemas que constantemente surgem e ameaçam minha felicidade no longo prazo.
- Eu sofri tanto no passado que me fechei por completo de qualquer oportunidade de encontrar alguém especial.
- Eu toparia estar em qualquer tipo de relacionamento em vez de estar solteiro ou procurando um parceiro.
- Sinto-me desesperado para conhecer alguém e não ser a última pessoa sem filhos no meu círculo de amigos.
- Sinto-me estagnado em um relacionamento já longo, mas infeliz, e não sei como sair dele.
- Não consigo fazer novas amizades e não me sinto conectado aos círculos de amigos que já tenho. Não sei como "partir para outra".
- Quero um parceiro e uma família, mas sinto que não tenho controle sobre a concretização desse desejo.

TRABALHO

- Fico angustiado ao pensar em que decisões tomar.
- Sei que posso ser o melhor em algo, mas não tenho certeza de que estou fazendo as coisas certas para atingir meu potencial.
- Nunca pedi um aumento ou uma promoção.
- Meu trabalho me entedia, mas paga as contas.
- Tenho uma ideia fixa do que sou e do que não sou capaz de fazer e me conformei com ela.

- Fico tão cansado e desgastado às vezes que não consigo sair da cama.
- Tenho várias ideias do que eu quero para minha carreira, mas não sei como torná-las realidade.

DESENVOLVIMENTO PESSOAL

- "Nunca", "sempre" e "devo/preciso" dominam meu pensamento.
- Eu gostaria de ter mais controle sobre minha vida.
- Sinto-me perdido e receoso de que a vida siga sem mim.
- Fico sobrecarregado com extremos emocionais.
- O modo como me sinto em relação ao meu corpo e à minha aparência é altamente influenciado pelo meu estado de humor.
- Eu às vezes me ressinto de pessoas – inclusive amigos – que têm um estilo de vida melhor que o meu.
- Eu dou à maioria das pessoas uma versão filtrada da minha vida porque, no fundo, não acho que ela seja grande coisa.
- Gostaria de começar uma nova empreitada ou de viajar – fazer algo diferente com minha vida –, mas fico postergando.

Se você se reconhece em alguma dessas afirmações, então a compreensão de como a neuroplasticidade funciona vai ajudá-lo a pensar de forma diferente e a mudar antigas suposições e autoimagens enraizadas. Este livro lhe permitirá definir sua intenção, seu objetivo ou seu sonho para o futuro e mostrará como materializar a visão de vida ideal que você possui.

Manter um diário

Antes de iniciarmos, é hora de adquirir um novo hábito importante: manter um diário. Ao longo do livro, faremos várias perguntas a nós mesmos, revelando padrões e hábitos prejudiciais e avançando rumo a um futuro melhor, então providencie um diário para anotar o que o deixa feliz e revigorado.

Para obter o máximo dessa prática, você deverá anotar em seu diário, todos os dias, seus pensamentos e reações a eventos e a pessoas na sua vida. Você não precisa redigir textos longos, mas busque ser sincero e aberto em relação a suas emoções, motivações e comportamentos.

Tara: descobrindo minha verdade

Ainda que minha carreira decolasse, sentia-me paralisada de medo em relação à minha vida romântica. Eu fugia de relacionamentos íntimos como quem foge da peste, passando de relacionamentos casuais durante alguns anos para relacionamento nenhum, antes de perceber que estava sendo controlada por minha falta de confiança nos outros e pelo medo de me magoar novamente após o colapso do meu casamento. Tinha me convencido por completo de que o melhor e o mais certo a fazer era nunca mais me casar de novo, portanto, estar aberta a um relacionamento sério era um completo desperdício de tempo e energia. Eu tive que trabalhar duro para confrontar essa crença; minhas próprias emoções criaram o maior obstáculo para a mudança.

Descobri que escrever no meu diário era uma forma poderosa de perceber que a falta de confiança estava me levando a padrões contínuos de conter ou evitar intimidade, que, por sua vez, levavam a profecias que induziam à própria concretização. Decidi agir como se o passado não tivesse controle sobre mim e tentei pensar e me comportar de forma diferente, para ver se meus piores temores virariam realidade. Não viraram. Houve alguns obstáculos, mas também aprendi que tudo bem se isso acontecer, pois eu ainda podia avançar com confiança até as coisas se resolverem. Desligar-me definitivamente não iria me levar a isso.

Utilizando o Princípio

Há um mito neurológico (que se recusa a ir embora!) que diz que usamos apenas dez por cento de nosso cérebro. Isso não é verdade, mas nosso apego a essa estatística nos distrai da verdade científica: o potencial de evolução e mudança de nosso cérebro, e como ele conduz nossas vidas, é muito maior do que somos levados a acreditar.

Neste livro, não há afirmações disparatadas ou discursos sobre física quântica. Sempre haverá ciência rigorosa para sustentar a teoria. Compartilharei com o leitor o programa de quatro passos que uso com meus pacientes e clientes de coaching, além de práticas das quais eu mesma me beneficiei, como visualização criativa, uso de um diário e a criação de quadros de ações poderosos para fazer seus desejos aflorarem.

Na *Parte 1: Ciência e espiritualidade*, você aprenderá sobre a ciência por trás da lei de atração e do poder da visualização. A *Parte 2: O cérebro elástico* explora a neuroplasticidade e como nosso cérebro é capaz de mudar a própria forma de atuar. A *Parte 3: O cérebro ágil* revela o poder de um cérebro ágil e equilibrado para definir como vivemos nossa vida. Eu o incentivarei, leitor, a tentar os exercícios ao longo do livro e os da última seção prática – *Parte 4: Desperte o Princípio* –, pois servirão como um mapa de referência para se utilizar o Princípio.

Este livro o levará a uma jornada que mistura ciência e espiritualidade, ajudando-o a transformar intuição em motivação e piloto automático em ação. Esse é o poder do Princípio: o de fazê-lo passar a entender que está no controle de seu próprio destino. Você está a apenas quatro passos de construir uma identidade nova e confiante, e uma vida nova e mágica.

PARTE I
Ciência e espiritualidade

Capítulo I: A Lei da Atração

"Atrai o que esperas, reflete o que desejas, torna-te o que respeitas, espelha o que admiras."

AUTOR DESCONHECIDO

Você já teve um daqueles dias em que tudo ocorreu perfeitamente – tomou o café da manhã sem pressa porque acordou antes da hora se sentindo descansado e disposto, deparou-se com uma promoção excelente de algo que você queria comprar havia muito tempo e foi surpreendido pela oferta de uma oportunidade incrível no trabalho? Quando isso acontece, dizemos "hoje deve ser meu dia" ou decidimos que estamos em uma "maré de sorte". Oportunidades assim parecem aleatórias e fora de nosso controle. Mas talvez você conheça alguém que é sempre "sortudo". É aquela pessoa cujo amigo tem um ingresso sobrando para um show com entradas esgotadas, que sempre consegue subir de classe na hora de embarcar no avião e que tem um relacionamento feliz com um parceiro que combina com ela.

Eu passei a entender como todos esses momentos de "sorte" não são nada acidentais: eles são nada mais, nada menos que a Lei da Atração em ação. Pense em momentos de "sorte" ou em coisas positivas que aconteceram com você recentemente. Uma oportunidade de trabalho pode parecer sinal de sorte, mas por que não a considerar um reflexo de seu desempenho bem-sucedido? Um encontro ao acaso com um novo parceiro pode parecer um "bilhete de loteria", em vez do resultado de seu esforço consciente de manter-se aberto a conhecer novas pessoas e estar no lugar certo na hora certa. A vida não é algo que simplesmente age sobre nós; nós a criamos com cada ação que tomamos.

A Lei da Atração está no cerne do conceito do Princípio. Resumindo, ela descreve como somos capazes de determinar os relacionamentos, situações e bens materiais que surgem em nossas vidas como resultado direto da forma como pensamos. Nós os "materializamos" ao nos *concentrarmos* neles, ao *visualizá-los*, ao *direcionarmos* nossa energia para eles por meio de nossas ações. Trata-se da ideia de que, ao escolher concentrar sua energia e atenção em algo, esse algo pode se materializar em sua vida.

Essa ideia de "materialização" é controversa e muitas vezes tratada com desdém, o que leva as pessoas a descartarem por completo o conceito da Lei da Atração. Porém, eu acho que o problema se dá em parte por questões de semântica. Livros como *O segredo* e *A chave mestra* baseiam o sucesso em "vibrações de pensamento" e "forças maiores", por isso, a palavra "materializar" foi sobrecarregada por certa conotação religiosa e de fé ignorante, mas a materialização é apenas outra forma de dizer que nós "fazemos acontecer". Ela está relacionada à ação, não apenas à mera intenção. Em vez de atribuir a essa palavra expectativas irreais de acontecimentos maravilhosos e espontâneos, devemos considerá-la uma conexão intencional e direcionada entre intenção e ação. Assim, a ideologia desses livros inspiradores pode ser sustentada pela ciência moderna.

No âmbito da ciência baseada em evidências, delinearei seis fundamentos que sustentam a Lei da Atração (p. 37-60), explorando os processos cerebrais que lhes dão respaldo e propondo atividades práticas que permitirão ao leitor usar esses fundamentos a seu favor, turbinando o uso do Princípio para ajudá-lo a projetar sua vida ideal. Várias combinações desses seis fundamentos aparecem em manuais populares de Lei da Atração, e você talvez se surpreenda com quanta verdade científica podemos encontrar por trás delas.

Definindo sua intenção

Antes de considerarmos os seis fundamentos um a um, quero abordar o que fãs da Lei da Atração chamam de "ponto de intenção". Eles o definem como o ponto de encontro entre "coração" e "mente", mas a ciência mostra que há mais do que fé por trás dessa noção. Quando estabelecemos uma meta a partir do "ponto de intenção", o que ocorre, cientificamente falando, é que nossa intuição, nossas emoções mais profundas e nosso pensamento racional se agrupam e atuam em harmonia em vez de conflituosamente. É quase impossível alcançar nossos objetivos quando estamos desajustados nessas três dimensões.

Quando fazemos escolhas de vida, é interessante notar que tendemos a distinguir os conceitos de nossa cabeça, de nosso coração e os instintivos como coisas separadas, com cada um deles às vezes nos puxando para direções diferentes. Colocamos os processos lógicos do cérebro contra respostas mais instintivas e contra a influência de nossas emoções (tanto em decisões grandes, como escolher entre um trabalho que realmente desejamos e outro mais promissor para nossa carreira, quanto em escolhas menores, como decidir comprar ou não uma nova jaqueta cara em liquidação). Cada vez mais, descobertas científicas mostram a inter-relação entre corpo e mente, ensinando-nos mais sobre a conexão entre cérebro e corpo. Devido às interações de mão dupla de todos os nossos nervos e hormônios, hoje vemos com mais clareza que se, por exemplo, estamos com fome ou cansados, isso afeta nosso humor e nossos processos de decisão; do mesmo modo, se estivermos deprimidos ou estressados, podemos sofrer mudanças no sono, no apetite, no peso e em toda uma gama de fatores físicos. Diante disso, buscar intenções que pareçam corretas para o cérebro como um todo e para o corpo como um todo faz sentido cientificamente.

Pippa: uma escolha difícil

Quando comecei a prestar serviço de coaching para Pippa, seu casamento estava desmoronando. Casada com um advogado que dormia no escritório vários dias da semana e fora viciado em trabalho na maior parte dos dez anos em que estavam casados, ela estava profundamente infeliz. O casal tinha dois filhos pequenos e Pippa acabava sozinha com eles quase todos os fins de semana, com o marido no escritório ou em viagens de negócios. Ela pensou em deixá-lo várias vezes, pois sentia que o casamento era uma fraude e estava profundamente solitária. A família de Pippa e a de seu marido insistiam para que ela seguisse firme no casamento, dizendo que as coisas melhorariam quando o marido conseguisse a próxima promoção e as crianças envelhecessem. Realista, Pippa sabia que não conseguiria arcar com os custos de continuar morando na casa da família se eles se separassem, e se preocupava com a grande mudança de vida que isso traria a ela e às crianças.

Encorajei-a a criar um quadro de ações usando imagens que a ajudassem a visualizar a vida como ela gostaria que fosse. Isso se provou um momento de virada para ela. Quando voltou na semana seguinte, havia delineado um quadro forte e poderoso. No centro, havia a imagem de uma mulher de costas para a câmera, ao pé de uma montanha, sozinha. Suas mãos estavam nos quadris e ela parecia pronta para a escalada. Sabia que tinha uma jornada árdua à frente, mas estava confiante de que era capaz de realizá-la. Havia também fotos pessoais de seus filhos, fotos de lugares para onde ela queria ir e aventuras de família que ela gostaria de ter.

O quadro ajudou Pippa a enxergar o que ela queria de verdade, em seu coração e instintivamente, e a identificar os problemas lógicos que dificultavam a decisão. Embora as circunstâncias fossem mais prejudiciais no curto prazo, ela se sentiu capaz de fazer a escolha que seria melhor para todos no fim das contas. Até então, ela deixara o medo determinar suas decisões, pensando nas piores situações possíveis e imaginando catástrofes; seu cérebro, ansioso e temeroso, afundava o cérebro emocional com limitações e problemas lógicos. Com o quadro de ações e o nosso trabalho conjunto ela foi capaz de harmonizar mente e coração e revelar a sua verdadeira intenção para o futuro.

Ela disse ao marido naquela noite que queria se separar. Depois do choque inicial, ele concordou. Quatro anos se passaram desde então: ela está feliz com o divórcio e tem um bom relacionamento com o ex-marido. Ela não tem dúvida de que tomou a decisão certa.

Atraindo o que você quer de verdade

Não há nada de místico ou mágico em definir sua intenção. É apenas uma questão de perguntar a si mesmo: "minha vida está correndo da forma que eu quero que corra?". Se a resposta for negativa, visualize a forma desejada e comece a agir. É liberando o potencial completo

O PRINCÍPIO

de nosso cérebro – o Princípio – que começamos a pensar e a nos comportar de formas que nos ajudam a tornar essa visão realidade.

É crucial lembrar que nossa intenção e nossa concentração estão no seu ápice quando nossos objetivos são congruentes com nossos valores e nossas escolhas de vida mais profundas. Por exemplo, se você se força a fazer escolhas de carreira priorizando dinheiro em detrimento do desejo sincero de ter um senso de propósito e de ajudar outras pessoas com o seu trabalho, sofrerá sintomas negativos (como estresse e ansiedade) em sua vida física, emocional e espiritual, conforme tenta viver em descompasso com o seu eu verdadeiro. Do mesmo modo, se você faz concessões em relação àquilo que busca em um parceiro porque os ponteiros do seu relógio biológico estão avançando, pode acabar descobrindo que preencheu alguns vazios de sua lista, mas no fundo ainda tem necessidades a saciar.

Esses sintomas representam um grito interno de: "Não é isso que eu quero!". Esses conflitos internos afetam nossa resiliência, reduzindo nossa imunidade. Quando você está sob estresse constante, por exemplo, o cérebro e o corpo são inundados pelo hormônio cortisol, que exerce um efeito colateral sobre nossos glóbulos brancos – a principal defesa de nosso sistema imunológico.

Por outro lado, quando estamos mais equilibrados, com nossos objetivos e nossos comportamentos congruentes com nosso eu mais profundo, condicionamo-nos ao sucesso. Menos sujeitos a nos distrair por ansiedade ou negatividade e com os níveis de hormônios relacionados ao estresse provavelmente mais baixos, também ficamos mais saudáveis e com a imunidade mais forte, evitando desde doenças menores e recorrentes a epidemias mais assustadoras. Hormônios que regulam o humor e endorfinas, que fazem com que nos sintamos bem, permitem que o Princípio flua com mais liberdade.

Vejo exemplos disso diariamente em meus clientes de coaching – e são tantos que não teria como enumerá-los todos. Muitas pessoas determinadas e bem-sucedidas acreditam que atuam melhor sob estresse, que um estado constante de alta adrenalina e cortisol é necessário para se darem bem na vida. São pessoas altamente propensas a ignorar os sinais de perigo enviados por seus corpos, sejam esses sinais o coração disparado, uma sensação de sobrecarga, problemas digestivos ou falta de ânimo. Esse cenário pode se prolongar por anos. Minha primeira tarefa é dizer a meus clientes que não podem se dar ao luxo de ignorar esses sintomas e que precisam chegar à sua raiz: a dissonância entre o que seu coração e seus instintos estão dizendo e suas ideias inflexíveis, que os fazem seguir independentemente dos sinais de perigo, sem se preocupar com o custo físico e emocional. Minha missão é convencê-los de que precisam parar e avaliar a situação, escutar a mente e o corpo conjuntamente e reestabelecer contato com o que realmente querem da vida.

Para mim, o ponto de intenção como metáfora que descreve a integração entre nosso cérebro e nosso corpo é o símbolo máximo do Princípio operando com potência máxima e é algo que todos nós deveríamos buscar atingir. Assim que estivermos aptos a integrar mente e corpo de forma mais plana (exploraremos isso mais detalhadamente na Parte 3), nossa motivação e energia se harmonizarão de forma poderosa.

Estabeleça sua intenção

Gostaria agora que você estabelecesse sua intenção: a meta geral que é a base de todas as outras coisas que você quer conquistar no futuro. Deve parecer algo audacioso: uma aspiração de escala ampla que reflete a área de sua vida que você deseja mudar. Escreva isso na primeira página de seu diário.

A ideia de materializar essa mudança deve ser empolgante e motivadora. Quando você fechar seus olhos e imaginá-la se tornando real, deve ser capaz de ver a imagem em sua cabeça e senti-la em seu corpo; ela deve encher seu coração de desejo. Pode ser algo nas seguintes linhas:

- Desenvolver a confiança para montar um negócio de sucesso e encontrar um grande parceiro de vida.
- Deixar que a coragem e a visão de futuro governem minhas decisões de agora em diante e abandonar o medo.
- Restaurar um relacionamento ou situação familiar difícil e dominar o meu emocional.

- Encontrar felicidade na vida por meio de mais saúde e mais propósito de vida.
- Adotar uma atitude de compaixão comigo mesmo e silenciar minha crítica voz interior para criar a vida que mereço e com a qual eu sonho.

Não se sinta limitado por seu objetivo: escolha algo arrojado. À medida que avança na leitura deste livro, você aprenderá a usar o poder do Princípio para conquistar qualquer coisa que desejar. Começaremos a explorar como visualizar seus desejos mais profundos no próximo capítulo. Se no decorrer da leitura você precisar ajustar ou esclarecer sua intenção, não tem problema. Você pode até ir colecionando imagens para seu quadro de ações enquanto lê o livro e começa a juntar ideias sobre como sua vida ideal se pareceria.

Agora, peguemos cada um dos seis fundamentos que sustentam a Lei da Atração e vejamos, um a um, o que a neurociência moderna nos diz sobre eles.

Fundamento I: abundância

A ideia de recorrer ao "universo abundante" está no núcleo da Lei da Atração, e é o primeiro fundamento a ser incorporado se você quer utilizar o Princípio. Como a palavra "abundância" tem sido usada o tempo todo por gurus sem qualquer formação científica, você pode se sentir inclinado a descartá-la como uma bobagenzinha de autoajuda. Mas, se olharmos com seriedade para ela, é possível obter uma interpretação sensata e respaldada pela ciência.

A batalha interior pela abundância

Na mente da maioria das pessoas, há uma batalha entre duas perspectivas: abundância e escassez. Essas são as duas estradas que podemos escolher percorrer, e cada uma delas nos oferece experiências de vida extremamente diferentes.

A abundância está relacionada ao pensamento positivo e à generosidade. Reside nela a crença central de que há o suficiente para todos e que, ao delimitarmos nosso espaço e reivindicarmos nosso sucesso, aumentamos o reino das possibilidades. A abundância alimenta nossa autoestima e nossa confiança, ajuda-nos a nos manter resilientes durante tempos difíceis e é contagiosa e multiplicadora, criando uma comunidade e um ambiente de prosperidade ao nosso redor. Coisas semelhantes se atraem e, se você olhar ao redor, verá pessoas confiantes e positivas que são amigos, parceiros românticos ou colegas profissionais com mentalidades similares.

Por outro lado, quando assumimos uma perspectiva de escassez, nossa motivação principal é o medo. Pensamos de forma negativa, dedicamos especial atenção ao que não temos e ao que não vai funcionar, assim como às deficiências relativas à situação e a nós mesmos. Enxergamos as coisas como preto no branco e nos encolhemos diante de obstáculos e limitações, recuando para uma zona de conforto protetora e conservadora, evitando riscos e resistindo a mudanças. "Melhor o problema conhecido do que o novo", dizemos mentalmente, mas não há mais evidências de coisas ruins acontecerem quando você assume um risco do que há de coisas boas quando você age segundo o fundamento da abundância.

Pense sobre sua própria vida. Você já ficou preso a algo – um emprego que o deixava infeliz, um relacionamento problemático, uma amizade pela qual perdeu o interesse – porque tinha medo da incerteza e da mudança? Você se preocupa com o fracasso caso embarque em algo novo? Esse é muitas vezes o caso quando já nos demos mal antes. Uma amiga minha solteira, que quer muito encontrar alguém, mas que recentemente deixou de sair devido a uma série de experiências ruins, vem-me à mente como alguém preso a uma mentalidade de escassez. Essas vias negativas no cérebro são fortalecidas quando continuamos a reagir à vida como se o pior fosse acontecer.

O medo é uma emoção poderosa, que ocupa uma parte primitiva do nosso cérebro. Nesse estado, as partes de nosso cérebro que combinam emoções e memórias ficam extremamente ativas e sob alerta vermelho, desenterrando memórias ruins e fracassos do passado como um mecanismo de segurança para nos proteger do perigo. Isso cria um sistema de retroalimentação que ativa uma resposta projetada para nos ajudar a fugir do risco.

O PRINCÍPIO

Curiosamente, perdas causam um efeito duplamente mais poderoso em nosso cérebro do que um ganho equivalente, então, de modo geral, nos esforçamos mais para evitar uma possível perda do que para ganhar uma recompensa.[2] A cultura de apontar culpados, presente no mundo dos negócios, baseia-se nesse viés comportamental porque as pessoas têm medo de questionar decisões ruins e desafiar o *status quo*. Você se lembra da última vez em que pediu um aumento e seu chefe passou a odiá-lo? Ou daquele cara de que você havia gostado, mas que sumiu depois de três encontros? "Exponha-se assim de novo e há um perigo real de que essas coisas possam acontecer de novo", diz nosso cérebro, fazendo o que acha ser melhor para nós. Contudo, viver com uma mentalidade de escassez atrapalha a mudança positiva, deixa-nos paralisados e estagnados. Faz com que nos prendamos ao que temos porque estamos pensando demais no que não temos. Tememos perder qualquer coisa e ficamos intensamente avessos a riscos, e um cérebro exageradamente atento a ameaças é incapaz de facilitar pensamentos flexíveis de abundância ou de realizar um processo de decisão que envolva mente e corpo por completo.

É importante notar que, a depender do contexto, nossa mentalidade se adapta. Todos mudamos de uma para outra entre as diferentes áreas de nossas vidas, de acordo com os fatores de estresse que puderem desencadear uma determinada perspectiva sobre uma situação. Por exemplo, a maioria das pessoas perde a sede de risco quando está sob estresse crônico. Quando trabalhamos longas jornadas de trabalho, em um projeto grande e complexo cujo prazo de fechamento se aproxima, é improvável que aproveitemos uma ótima oportunidade de comprar uma nova casa ou que achemos ser uma boa hora para levar a sério a busca por um parceiro romântico. Isso é uma reação natural e, até certo ponto, racional, mas, quando você considera que muitos de nós vivemos em um estado de estresse quase constante, é fácil perceber como uma mentalidade de escassez pode tomar o controle, deixando-nos atolados em nossas vidas, incapazes de progredir para o próximo nível.

Uma mentalidade de escassez também pode ficar atrelada a uma área específica da nossa vida, independentemente dos fatores de estresse do momento. Pense sobre sua própria vida e se pergunte onde você mais pratica uma mentalidade de abundância ou de escassez: em relacionamentos, no trabalho, com amizades ou ao experimentar coisas novas em geral. Pense como isso afeta sua vida neste exato momento, assim como seus sonhos futuros.

Então, como podemos mudar a forma como pensamos para que assim vivamos segundo o fundamento da abundância? O pensamento abundante depende da disposição para mudar os padrões na nossa forma de pensar e de abrir espaço para o novo; para abandonar crenças e suposições anteriores e acolher novas evidências e ideias. Os neurocientistas tiveram que colocar suas palavras à prova nesse quesito: os avanços nas pesquisas significaram que coisas que achávamos ser verdade não eram mais sustentadas pelas evidências. Os conceitos que tivemos que reavaliar recentemente incluem o de que o cérebro está "fixado" na idade adulta, os boatos sobre lado esquerdo e direito e lateralização cerebral, a natureza da diferença entre cérebros de homens e de mulheres e a base biológica da sexualidade, entre outros.

Por definição, se você é favorável à visão científica, aceita que pode haver falhas e que o importante é avançar sempre em busca de novos conhecimentos e aprimoramentos contínuos. Na vida, assim como na ciência, o progresso é facilitado se estivermos dispostos a abrir mão de convicções passadas e abraçarmos as mudanças. Buscar transformação em um âmbito pessoal exige uma franqueza resoluta sobre nossa própria forma de pensar e uma grande disposição para mudar nossa mentalidade.

Claire no amor × Claire no trabalho

Uma amiga antiga minha, Claire, tem uma abordagem de abundância admirável no que diz respeito a relacionamentos e amizades. Ela recentemente deixou um longo relacionamento que havia se tornado problemático e estava prestes a embarcar em novos encontros sem nenhum receio e com um otimismo e um senso de diversão dignos de nota. Ela tem muitos ótimos amigos e é boa tanto em conhecer novas pessoas como em cuidar das amizades existentes.

Contudo, sua vida no trabalho era outra história. Ela estava estagnada e infeliz na mesma empresa há tempos. Ignorada nas promoções

O PRINCÍPIO

e sobrecarregada, com os executivos seniores atribuindo a ela as tarefas mais ingratas, já por quatro anos reclamava sem parar de seu emprego para qualquer um disposto a ouvir, mas parecia incapaz de pedir demissão. Por quê? Ela cresceu em um lar com dois pais freelancers que ora tinham trabalho, ora não tinham, o que deu a ela um medo perene de instabilidade financeira. Somando isso à experiência traumática de ser demitida em seu primeiro emprego importante, o que a condicionou a esperar o pior, ela se agarrava à "segurança" da sua vida profissional já conhecida. Ao tratar de sua carreira, sua mentalidade de escassez ficava no comando.

Ajudar Claire a expor esse padrão de crença negativo tão antigo e o modo como ele influenciava o seu cérebro consciente permitiu a ela fazer uma escolha proativa em relação a como encarar seus medos e inseguranças profissionais. Experimentamos a ideia de aplicar à sua carreira a mesma alegria de viver que ela sentia com pessoas e relacionamentos. Após um período experimental, ela encontrou uma forma de fazer isso, a qual era autêntica em seu coração e em sua mente. Ela se deu conta de que suas habilidades em estabelecer boas relações e seu gosto por fazer contatos dificilmente a deixariam sem trabalho, a não ser que assim quisesse.

Munida dessa confiança, ela foi capaz de trazer uma mentalidade de abundância para sua carreira e passou a fazer escolhas com base no que queria fazer, e não pensando em proteger o *status quo* a qualquer custo.

Todos podemos ser um pouco como Claire, embora nossa área de "escassez" também possa contemplar relacionamentos românticos, bem-estar ou vida social, além de vida profissional.

Pergunte-se se você tem alguma convicção profunda que talvez o esteja impedindo de realizar as mudanças que você diz querer em qualquer aspecto da sua vida. Por exemplo, pode ser que você esteja sobrecarregado no trabalho e diga que quer delegar tarefas, mas então encontra motivos para não fazer isso porque, no fundo, você gosta do poder e do controle de ser a única pessoa com o conhecimento – além disso, há o receio de que, se dividir suas tarefas, alguém pode acabar fazendo seu trabalho melhor do que você. Parece arriscado demais, mas é mesmo? Essas são as desculpas que damos por medo de falhar e são também o tipo de ação que o uso do Princípio foi projetado para identificar e evitar. Você pode não estar consciente delas, mas se questionar sobre quais mentalidades de escassez estão moldando sua vida é o primeiro passo para revelar as crenças inconscientes e limitadoras que podem existir na sua vida.

Escolhendo a abundância

Viver com uma abordagem de abundância condiciona-se à crença de que sempre há potencial para melhorar. Para a mente abundante, desafio, aprendizado e dificuldade são intrinsecamente recompensadores; são fins em si, além de serem a chave para aprimoramento e crescimento. Inteligência, criatividade e habilidade – seja em arte, relacionamentos ou resolução de problemas – podem ser praticadas e aprimoradas. Pequenos fracassos são repaginados como oportunidades e parte da jornada: um contratempo no trabalho o ensina a melhorar em uma habilidade vital, um relacionamento romântico que dá errado o ajuda a entender com mais clareza o que você quer em um parceiro.

É aí que mora o poder de se liberar o Princípio. Escolher uma mentalidade de abundância é um comprometimento para encarar a vida por completo: para ser ativo em vez de passivo e para decididamente desligar o piloto automático. Marcar encontros amorosos novamente, mudar de casa ou viajar podem ser mudanças que você acolhe de forma voluntária. Um coração partido e problemas de orçamento ou infertilidade podem ser questões que surgem diante de nós quando menos se espera, mas você pode se preparar para o futuro se administrar seu medo de mudança. O efeito mais comum da presença de dificuldades é um forte desejo de ficar em nossa zona de conforto, exatamente no momento em que precisamos ampliar nosso leque de opções e de padrões de comportamento.

O que ocorre no nosso cérebro quando vivemos com uma mentalidade de abundância? Professores e psicólogos infantis há muito tempo entenderam que elogiar comportamentos positivos é mais eficaz para melhorar a disciplina, incentivar o trabalho duro e culti-

O PRINCÍPIO

var hábitos positivos do que punir o mau comportamento. Isso também é verdade no trabalho e em relacionamentos, mas pode parecer surpreendentemente árduo quando nosso cérebro não recebeu esse recado. Em diferentes níveis, todos temos o hábito negativo de captar o que não está indo bem porque as nossas engrenagens mentais para evitar riscos são mais fortes do que as engrenagens para buscar recompensas. Um aspecto importante da abundância é o pensamento positivo. Devemos concentrar-nos nos aspectos positivos em vez de nos demorar nos negativos, sobrepondo os pensamentos negativos com afirmações positivas, cultivando confiança e generosidade para com os demais e acreditando que a vida é boa e favorável para que prosperemos.

Cultivar o pensamento abundante é algo que exige comprometimento e dedicação deliberada de sua parte. Como discutiremos no Capítulo 4, mudar padrões de pensamento já habituais (sejam eles conscientes ou inconscientes) exige esforço e prática repetitiva. Nas áreas em que o pensamento de escassez formou raízes profundas, há uma miríade de neurônios e vias neurais originando uma enxurrada de pensamentos hipotéticos pessimistas (do tipo "isso leva àquilo") quase intrínsecos.

Reinterpretando fracassos

Uma das formas mais simples para se pensar com mais abundância é mudar a forma como você olha para os fracassos. Em um cenário de mentalidade de escassez, os fracassos são absorvidos pelo seu crítico interno (aquele que diz "eu bem que avisei") e utilizados para realimentar a crença de que há pouca razão para persistir quando se trata de objetivos ambiciosos. Por outro lado, quem pensa de forma abundante considera o fracasso um elemento essencial do sucesso.

Algumas das maiores inovações do mundo surgiram de formas experimentais e improváveis. O teflon, o plástico e o forno de micro-ondas foram todos descobertos após tentativas frustradas de se criarem coisas completamente diferentes. Charles Eames criou sua cadeira icônica como um projeto paralelo – uma variação derivada da sua inovadora técnica para moldar compensado em talas de imobilização para pernas. Em 2003, Jamie Link, uma estudante de pós-graduação na UCLA, acidentalmente descobriu o que hoje chamamos de "poeira inteligente" quando o chip de silício no qual ela trabalhava foi destruído. Em meio ao que restara, ela descobriu que partes individuais daquele chip ainda funcionavam como sensores. Hoje, a poeira inteligente é usada em tudo, de tecnologia médica a detecção de fumaça em larga escala. O Viagra, um dos medicamentos mais vendidos do mundo, foi originalmente desenvolvido para tratar pressão alta e dores nos peitos causadas por doenças cardíacas. Todos esses são grandes exemplos de descobertas advindas de experimentação e "fracassos".

Reavaliar seus próprios fracassos e repaginá-los como "ainda não foi dessa vez" é um bom primeiro passo para reescrever sua história: a narrativa interna de nossas batalhas anteriores. Quando decidimos mudar para a mentalidade de abundância, sempre há um lado positivo. É assim que o sucesso funciona. Significa que conseguimos nos manter resilientes e nos ater a nossos objetivos em vez de desistir no primeiro obstáculo.

"Porque você vale muito" virou um dos slogans mais memoráveis dos últimos anos, e há um bom motivo para isso. Pouquíssimos de nós sentimos, no fundo, que de fato merecemos e podemos criar as vidas com as quais sonhamos, mas todos desejamos ter o poder e a liberdade para fazê-lo. Ao escolher olhar para o mundo sob as lentes da abundância e dar as costas para a mentalidade de escassez, você está na direção certa para substituir insegurança por autoconfiança e pela vida que tanto deseja.

Fundamento 2: materialização

Embora todos nós já tenhamos vivenciado esse tipo de situação inusitada de algum modo — você pensa em passar um feriado com um grupo de amigos e um deles reserva uma hospedagem coletiva em uma pousada e manda um e-mail convidando-o; você começa a se interessar por um assunto marginalmente relacionado ao seu trabalho quando de repente um projeto importante envolvendo esse assunto cai no seu colo —, parece inacreditável que "meramente" direcionar nossa energia para desejos profundos e concentrar nossa atenção nisso

O PRINCÍPIO

pode nos ajudar a "materializar" nossa vida ideal. Esses exemplos são ocorrências raras e certamente não defendo que você faça um desejo passivo e espere que as recompensas venham bater à porta. Porém, uma intenção forte somada a ações em medida suficiente pode fazer as coisas acontecerem. Você pode sugerir a um grupo de amigos um encontro durante um feriado ou pode avisar a seus contatos profissionais que tipo de trabalho está procurando. Muitas vezes essas coisas não se materializam porque não temos confiança para falar.

Olhe para as pessoas ao seu redor e busque exemplos de materialização. Não se concentre apenas em histórias de sucesso óbvias de amigos ou parentes que criaram negócios bem-sucedidos ou escalaram montanhas, mas olhe também para aqueles que talvez tenham feito grandes mudanças na própria saúde ou que encontraram a casa perfeita para suas necessidades ao jogar conversa fora com uma pessoa conhecida. Há também exemplos famosos e interessantes desse fenômeno, como o do ator Jim Carrey, que preencheu para si mesmo um cheque de dez milhões de dólares pré-datado para 1994 e, por sua participação no filme *Debi e Lóide: dois idiotas em apuros*, nesse mesmo ano, recebeu de salário o valor do cheque, e o da apresentadora Oprah Winfrey, cuja vida foi transformada pelos quadros de visualização.

Comprometer-nos a tentar "materializar" ativamente nossa vida dos sonhos pode parecer um delírio. Tememos que não vá funcionar e que nosso esforço seja em vão, receamos sentir-nos humilhados se compartilharmos nossas ideias grandiosas com alguém e não recebermos uma resposta positiva. Então, nós nos acomodamos, não fazemos nada e esperamos para ver se vai acontecer, sem acreditar que seja possível.

São muitas as vezes em que nossos desejos mais profundos e as intenções que escolhemos entram em conflito. Falamos disso na seção "Definindo sua intenção" (p.32). Considere os exemplos que se apliquem a você. Talvez você tenha se concentrado em ser promovido e receber um aumento, de modo a alcançar mais estabilidade, mas seu sonho na verdade era mudar sua área de atuação; talvez você tenha reatado um relacionamento no qual já sofrera demais porque sentiu que fosse capaz de fazê-lo funcionar. Pense a respeito de sua vida e lembre-se da última vez em que realmente correu atrás de algo que era o desejo de seu coração. O que aconteceu?

A ciência da materialização

Se nossos desejos e intenções estão de fato harmonizados, podemos começar a "materializar" a vida que queremos utilizando todos os nossos sentidos para imaginá-la e visualizá-la: verbalizando-a, ouvindo-a, construindo uma ideia mental de sua aparência, textura, aroma e sabor. Dessa forma, nossos sonhos começam a se tornar tangíveis para nosso cérebro.

Ao encontrarmos esse foco e identificá-lo por completo em nossa mente, há dois processos fisiológicos ocorrendo no cérebro simultaneamente, o que explica essa mistura poderosa e por que a materialização tem efeitos reais. Esses processos são a "atenção seletiva" (filtragem) e a "atribuição de valores". Vamos explorá-los mais detalhadamente a seguir.

ATENÇÃO SELETIVA

Somos bombardeados por milhões de informações a cada segundo, principalmente via nossa visão e audição, mas também por meio do tato, do olfato e do paladar. Nosso cérebro deve descartar algumas coisas ou colocá-las em segundo plano para que possamos nos concentrar no que é necessário para nós naquele momento. As informações são registradas e armazenadas como memórias, prontas para direcionar e influenciar ações e reações posteriores. A atenção seletiva é o processo cognitivo mediante o qual o cérebro ocupa-se de um número pequeno de sinais sensoriais, eliminando por filtragem o que considera distrações desnecessárias.

A filtragem seletiva do cérebro é coordenada por uma parte do sistema límbico chamada de "tálamo". Durante uma conversa com uma amiga, por exemplo, o tálamo registra os seus dados visuais (a imagem da pessoa à sua frente e os movimentos e a linguagem corporal que você detectar) e o som da sua voz, com entonações e ênfases, bem como qualquer outra informação sensorial adicional e também as emoções que você sente no corpo enquanto conversa com ela. Ao agir como uma central para nossos sentidos, o tálamo coleta toda essa

O PRINCÍPIO

informação sensorial e, então, como um agente de trânsito, a direciona para a devida parte do cérebro. Ele interage com essas outras áreas do cérebro para se manter informado sobre o que é prioridade e o que pode ser deixado em segundo plano. E o nível de seleção que ocorre é um tanto surpreendente...

Você já assistiu ao vídeo do experimento da "porta", realizado em 1998 pelos psicólogos Daniel Levin e Daniel Simmons?[3] No experimento, um pesquisador segurando um mapa aborda um pedestre e pede informações. Conforme o pedestre manuseia o mapa e mostra ao pesquisador o caminho a seguir, dois homens carregam uma porta entre eles, e um segundo pesquisador substitui o primeiro. O pedestre fica, então, com outra pessoa para conversar. Surpreendentemente, 50% dos pedestres nesse experimento não perceberam que a pessoa com quem falavam mudou depois que a porta passou. Essas pessoas estavam concentradas no mapa e em fornecer orientações corretas, e o cérebro delas não registrou que a pessoa que perguntava tinha aparência e voz completamente diferentes. O seu tálamo havia decidido que a aparência do sujeito era insignificante, deixando em segundo plano toda informação sensorial relativa a isso. Levin e Simmons fizeram uma série de outros experimentos similares (você talvez tenha visto o da pessoa vestida de gorila no jogo de basquete).

Essa atenção seletiva acontece a todo segundo. Inclusive, às vezes, nós escolhemos utilizá-la. Pois é exatamente isso que fazemos quando fechamos os olhos para tentar nos lembrar de algo específico ou tapamos os ouvidos para nos concentrar. Entender e aceitar que todos estamos bloqueando uma enorme quantidade de informações – e, claro, escolhendo se concentrar em outras – é crucial para o poder da materialização. É um excelente motivo para que você tome as rédeas desse processo e decida no que deve prestar atenção e no que não deve: você não pode materializar aquilo que seu pensamento consciente não percebe.

A capacidade de nosso cérebro de se concentrar não pode ser subestimada. Depois que reconhecemos que nosso cérebro está selecionando informações (e excluindo outras) para influenciar nossas ações, passamos a compreender melhor quantos acontecimentos invisíveis podiam ser altamente importantes para nossas intenções... se ao menos nosso cérebro consciente soubesse disso. Você se sente seguro de que seu cérebro está fazendo as escolhas certas em relação àquilo a que você deve prestar atenção e àquilo que você deve ignorar?

Como já vimos, o cérebro constantemente volta para seu comportamento-padrão, que simplesmente consiste em nos deixar seguros para que sobrevivamos. Uma grande parcela de nossa energia cerebral é dedicada a determinar quem é amigo ou inimigo, visto que isso era crucial para nossa sobrevivência quando vivíamos em sociedades tribais. Por isso, no mundo moderno, precisamos ativamente direcionar nosso cérebro para contrariar essa priorização de vieses inconscientes, de modo que sejamos mais abertos, flexíveis e corajosos, seguindo o caminho de nossos objetivos e fazendo escolhas que pareçam "novas" e "perigosas". Concentrar-nos naquilo que queremos em vez de no que devemos evitar para sobreviver significa que temos mais chances de materializar nossos desejos (do mesmo modo que, no *moutain biking*, você nunca deve se concentrar nos buracos e pedras que quer evitar, mas, sim, no caminho que há entre eles).

O sistema límbico também se encarrega de decidir o que devemos reter como pensamentos e memórias conscientes, o que explica por que é tão importante que elevemos nossas inspirações e planos para o futuro de um estado inconsciente e vago para um estado plenamente consciente. Por exemplo, imagine que você criou uma lista de atributos que gostaria que um eventual parceiro tivesse – qualidades que se alinhem com o que você pensa e que reflitam seus desejos e experiências pessoais – e que então dedique seu tempo a olhar para a lista regularmente e analisar por que essas características são importantes para você. Você está condicionando seu cérebro a procurar alguém com as características desejadas e alertá-lo a qualquer sinal de uma pessoa assim. Se antes você talvez tivesse filtrado oportunidades inconscientemente e deixado de marcar um café ou de conversar com alguém no ponto de ônibus que parecia interessante porque havia desistido de encontrar a pessoa perfeita, agora estará mais propenso a notar um olhar demorado, um sorriso convidativo ou a entrar em contato com aquela pessoa que lhe deu seu cartão de negócios. É por isso que concentrar sua atenção no que deseja é parte da materialização de seus sonhos.

ATRIBUIÇÃO DE VALORES

Como parte da atenção seletiva, a atribuição de valores é o nível de importância que seu cérebro atribui a cada informação que lhe é exposta: pessoas, lugares, cheiros, memórias e todo o resto. É uma atividade inconsciente que precede toda ação reativa a um estímulo, o que direciona, portanto, essa ação.

Uma pessoa pode notar um velho sedan vermelho estacionado na rua, lembrar-se saudosamente de seu primeiro automóvel (de modelo parecido) e sorrir ao pensar nisso. A atribuição de valores inconsciente dessa pessoa resgatou uma memória bastante antiga, que podia há muito ter sido esquecida no nível superficial, mas que ainda ativava um sentimento afetuoso profundo quando se refazia a associação estabelecida na juventude. A pessoa talvez preste atenção especial a quem está no volante e inicie uma conversa que, em caso diverso, não aconteceria. Outra pessoa, alguém que não tenha um valor atribuído a "sedans vermelhos antigos" no cérebro (no tálamo e no sistema límbico), pode nem perceber o carro, mesmo se ele ficar estacionado na frente da sua casa por alguns dias.

Há elementos lógicos e emocionais relacionados à atribuição de valores. O elemento lógico envolve a categorização de todos os dados que bombardeiam nosso cérebro segundo o valor que ele tem para nós e nossa sobrevivência. O elemento emocional tem mais a ver com atribuir valores a nossos níveis de "segurança social", que é nosso senso de pertencimento a nossa comunidade, família etc., e o significado e propósito que compõem nossa identidade pessoal e profissional.

Por causa desse processo, é fácil atribuir um valor desproporcional a coisas com as quais nos importamos ou um valor negativo (aversão) a coisas que nos dão medo ou nos trazem incerteza. Por exemplo, se uma pessoa passou por uma separação dolorosa ou simplesmente ficou solteira por muito tempo e sente estar numa idade-limite, seu sistema de atribuição de valores pode, ao contrário do esperado, enviesar-se contrariamente à busca de um parceiro ou ao desejo de ter filhos (uma aversão). Nessa ocasião, a vozinha dentro da cabeça começa a dizer que a pessoa viveu sozinha por tempo demais para dividir espaço com outra ou que sua carreira e vida social são importantes demais. Assim, a pessoa não estará alerta caso surjam possíveis candidatos a um relacionamento, mas estaria condicionada a detectar a possibilidade de uma promoção no ambiente de trabalho. Consegue notar como o cérebro a levou por um caminho que não foi escolhido por ela e a afastou de seus sonhos?

Problemas de autoestima resultantes de uma infância repleta de críticas depreciativas em casa e na escola ou durante a qual a pessoa foi tachada de "sem ambição" podem levá-la a sabotar oportunidades de carreira, porque, no fundo, a pessoa não acredita ser digna delas. Da mesma forma, se adotarmos um plano de alimentação saudável, mas não acreditarmos que somos capazes de cumpri-lo, podemos acabar facilmente cedendo à tentação e tomando decisões ruins. Isso ocorre porque experiências altamente emocionais que tenham moldado nossas vias cerebrais podem alterar nosso sistema de atribuição de valores, orientando-o para aquilo que nos deixa mais seguros, mesmo que não seja algo favorável ao sucesso da nossa vida atual. Nosso filtro seletivo priorizará situações que evitem repreensões ou críticas em detrimento de possibilidades de sucesso profissional ou satisfação romântica.

Resumindo: quando você permite a seu cérebro se conscientizar do que você quer na vida e se concentrar nisso, a atenção elevada que resultará dessa atitude atuará em seu favor para automaticamente trazer oportunidades à sua vida. Não é mágica; você simplesmente se tornou apto a enxergar possibilidades de avançar em seu sonho que outrora eram ocultadas pelo seu cérebro.

Fundamento 3: desejo magnético

Desejo positivo e intensidade emocional atraem eventos concretos que os complementem. Em 1954, Roger Bannister foi a primeira pessoa a correr uma milha em menos de quatro minutos, muito embora especialistas achassem que isso seria humanamente impossível e, ainda por cima, perigoso. Bannister, porém, estava convicto de que era factível, e tão logo ele conquistou esse feito vários outros atletas se igualaram a ele pouco depois (seu maior rival, John Landy, levou menos de dois meses). O que havia mudado? Não surgiram repentinamente equipamentos melhores ou locais de treino para fazer

O PRINCÍPIO

com que isso acontecesse, mas o feito simplesmente se transformara em uma possibilidade real na mente das pessoas. Com isso, elas se tornaram capazes de reproduzi-lo. Sabemos que apenas registrar no cérebro que algo é possível pode mudar o que acontece no corpo ou no mundo exterior.

O desejo magnético é uma ideia útil no sentido metafórico, mas é importante não ser literal demais no modo como você o compreende. A bibliografia a respeito do otimismo e da sede positiva por mudança e risco mostra que a mentalidade de um indivíduo e a sua determinação para atingir seus objetivos definem o que acontece com ele – se ele assume riscos e realiza mudanças positivas – e o modo como ele interage com os outros. Um estudo na UCL descobriu que, após um ataque cardíaco, pessoas otimistas eram muito mais propensas a incorporar mudanças positivas no seu estilo de vida – ou seja, parar de fumar, aumentar a ingestão de frutas e vegetais e realizar outras mudanças – do que as pessimistas.[4] Como resultado disso, o risco de otimistas sofrerem um segundo infarto era mais baixo. Já pessimistas tinham o dobro de chance de sofrer um segundo infarto grave nos quatro anos seguintes ao primeiro. A mera disposição de enxergar a oportunidade de mudar o futuro e de ter uma visão positiva em relação ao possível resultado dessa mudança teve um impacto enorme no futuro dos otimistas.

É fato que tanto coisas esperadas como coisas inesperadas acontecerão conosco, e o modo como reagimos a elas é o que importa. O desejo positivo é a mentalidade de que podemos fazê-las acontecer, e é a intensidade emocional desse desejo que o leva a um resultado palpável. Emoções intensas nos fornecem energia e confiança renovadas para realizarmos ações que tornem o desejo positivo uma realidade, em vez de ficarmos estagnados sonhando acordados ou alimentando esperanças vazias.

Fazendo acontecer

Minha própria jornada em direção ao desejo magnético tem sido um trabalho contínuo, e os momentos mais difíceis dessa jornada foram, com certeza, os que renderam as maiores viradas. Eu estava com trinta e poucos anos quando decidi dar uma guinada na carreira, provavelmente a maior mudança da minha vida. Larguei meu trabalho como médica do NHS,[*] onde eu era parte de uma organização enorme e tinha um emprego seguro e estável, embora não houvesse lugar para erros ou incertezas (eram literalmente situações de vida e morte) e o salário fosse modesto, mas regular. Fiz isso sem nenhum emprego novo em vista e com pouquíssimo apoio financeiro, decidindo me reciclar por completo e recomeçar do zero. Porém, levei anos para me dar conta de que poderia ser qualquer coisa além de médica.

Internamente, contudo, as mudanças já estavam em andamento. Minhas vias neurais cresceram e mudaram no decorrer dos dois anos entre a primeira vez em que isso me ocorreu e o momento em que dei o salto de fé. Toda a intensidade emocional da mudança pessoal pela qual eu passava veio à tona quando reconheci que, tanto em termos de desafio intelectual como de experiência de vida, a psiquiatria não seria capaz de oferecer o estímulo mental e o senso de propósito que eu desejava. Tornei-me mais decidida e energética em relação a montar meu próprio negócio. Para fortalecer a confiança que rodeava meu desejo positivo de mudar de carreira, li um livro chamado *Working Identity* ["A identidade do trabalho"], escrito por Herminia Ibarra e repleto de histórias de mudança de carreira bem-sucedidas, e em seguida fiz uma lista de cem coisas que eu poderia fazer em vez de medicina. Embora apenas uma delas fosse viável, o método foi suficiente para desencadear um processo de novas ações. Depois de alguns meses, transformei minha visão de criar uma carreira significativa e de sucesso fora da medicina em uma possibilidade e, aos poucos, essa possibilidade se tornou realidade.

Quanto mais certeza eu sentia dentro de mim de que precisava encontrar outra coisa para fazer, mais minha confiança crescia externamente. Busquei o conselho de alguns mentores, revelando a minha semente de ambição de me tornar uma coach de bem-estar, mas dizendo que era só um sonho. Não sabia nada sobre como administrar um negócio! Ainda assim, acordei um dia e sabia que a hora havia chegado; minhas vias neurais tinham atingido o limiar

---

[*] National Health Service, o serviço de saúde público do Reino Unido. (N.T.)

O PRINCÍPIO

da virada. Eu havia criado a tempestade perfeita de desejo positivo e intensidade emocional para obter uma mudança real em minha vida. Por sorte, havia economizado alguns milhares de libras e fiz o que precisava fazer.

Pedi demissão do meu emprego, inscrevi-me em um curso de coaching e voltei para Londres sozinha depois de dois anos morando em outro país com o meu marido (que, muito em breve, se tornaria meu ex-marido). Isso foi em 2007. Enquanto meu casamento desmoronava eu precisava montar um negócio do zero. O que me pegou mentalmente desprevenida foi ter que encarar o abismo do meu dinheiro se esgotando. Eu só tinha alguns clientes, que pagavam um "preço camarada", pois o único modo de eu conseguir trabalho inicialmente foi por recomendações de amigos. O conceito de fazer contatos me era estranho, mas me habituei a ele como um pato se habitua à água, porque tinha um desejo muito forte de fazer meu novo negócio funcionar. Ao dedicar, de forma consistente, energia para fazer contatos, aos poucos consegui alguns clientes corporativos em 2008. Estabeleci a visão de que, em 2011, estaria trabalhando como uma coach de sucesso, com uma boa lista de clientes e projetos variados me aguardando, incluindo palestras e textos. Visualizei também que estaria ganhando mais do que jamais ganhara como médica, porque essa era uma medida palpável de sucesso e ajudaria a confirmar que eu havia tomado a decisão certa. Esse foi meu desejo magnético, que atrairia eventos reais que o complementassem.

Ao longo do processo, tive que morar com meus pais e com os pais da minha melhor amiga, e, quando enfim passei a morar numa quitinete alugada, às vezes tinha que aceitar dinheiro do meu ex-marido para pagar o aluguel, o que me enchia de vergonha e de medo de ter um futuro precário. Algumas pessoas me pediram para trabalhar em um fim de semana como médica substituta, assim eu reequilibraria minha conta bancária, mas me mantive firme, pois qualquer retorno à medicina transmitiria a sensação de que fracassara e destruiria minha confiança, um recurso precioso ao qual eu me agarrei. Esse posicionamento era uma ação radicalmente nova da minha parte, sustentada por um forte desejo de obter sucesso. Quando falei com Jo, minha amiga, compartilhei minhas preocupações relativas a não ter clientes e acabar com meu dinheiro. Ela sempre trabalhou como freelancer para a televisão e me disse: "sempre aparece algum trabalho". Eu escolhi acreditar nisso. E apareceu. Tanto minhas crenças como o resultado delas elevaram minha determinação. Isso é o desejo magnético em ação: ele perpetua a si mesmo.

Aprendi a manter-me flexível e aberta às possibilidades que passam por mim. Aos poucos, passei a cobrar mais pelos meus serviços. Comecei a trabalhar mundo afora. Além do coaching, passei a fazer também participações remuneradas e não remuneradas em conferências. Incorporei novas tecnologias ao meu trabalho de coaching e desenvolvi um programa inteiramente meu de resiliência mental para equipes. Minha equipe, que antes era só eu, passou a ter uma, depois duas e depois mais pessoas. Estabeleci uma visão de ganhar com palestras o mesmo que eu ganhava como coach. Agora, ganho o dobro. Quando estabeleci meu novo caminho e deixei a medicina, imaginei um futuro em que houvesse variedade e equilíbrio: um pouco de leitura sobre tópicos de neurociência que me interessavam, um pouco de escrita, um pouco de coaching e uma bela casa na qual eu pudesse trabalhar sem ultrapassar os limites da minha vida pessoal. Fico feliz em dizer que hoje isso tudo é uma realidade que foi muito além do que eu poderia imaginar, e a singularidade da minha nova vida me deixa realizada e satisfaz minhas necessidades pessoais e emocionais. Depois que você sente o poder do desejo magnético, ele se multiplica a cada nova iteração e nenhum sonho parece inalcançável.

Fundamento 4: paciência

Mesmo com uma intenção clara e concentração no que queremos alcançar, às vezes desistimos cedo demais ou ficamos ansiosos e desesperados para que o processo funcione.

Este fundamento trata de se desfrutar o processo e, mais importante, de confiar nele, deixando as coisas se desenrolarem naturalmente em seu próprio ritmo, em vez de ficarmos obcecados com metas e a necessidade de alcançá-las. Fortalecer o Princípio por meio de práticas de visualização e quadros de ações envolve habilidades que serão aprimoradas ao longo do tempo, conforme você constrói e fortalece as vias em seu cérebro. Porém, antes que passemos para os exercícios práticos, é importante entender os fundamentos que os norteiam. Coisas como mudar sua atitude, adquirir mais confiança em si mesmo e nos outros e manter-se aberto ao novo *talvez* levem ainda mais tempo. Enquanto você constrói essas novas vias neurais, pode haver um momento em que sinta que nada está mudando; de repente, logo em seguida, as coisas começam a entrar nos eixos e tudo parece correr com mais naturalidade. Uma amiga minha vivenciou isso recentemente com seu novo negócio: meses de telefonemas para oferecer serviço e de construção de relacionamentos finalmente renderam frutos quando ela estava prestes a desistir. Muito esforço e muitos recursos são necessários para conectar neurônios e construir novas vias no cérebro. O progresso parece lento e é seguido por um momento de virada. Depois disso, o processo e seu impacto ganham impulso. Isso ocorre porque há um efeito de massa crítica para novos comportamentos saudáveis, mas, assim que você atinge esse estágio, as coisas parecem ficar mais fáceis.

Da mesma forma, a aquisição de qualquer nova habilidade exige esforço deliberado e repetição. A sensação de que você enfim "pegou o jeito" e transformou um novo hábito em uma habilidade quase nata é um sinal de que as vias no seu cérebro atingiram a massa crítica.

Fundamento 5: harmonia

O fundamento da "harmonia" nos ensina que, para termos acesso pleno às epifanias, aos poderes e às dádivas que a vida nos tem a oferecer por meio do Princípio, é necessário que haja equilíbrio entre mente e corpo e também que reconheçamos que ambos estão conectados. Essa é uma habilidade atrofiada por nosso estilo de vida moderno, baseado em "viver em nossas cabeças", que reduz nossos corpos a meros veículos que nos carregam de interação a interação e de relacionamento a relacionamento. Devemos nos habituar a ficar com o corpo e a mente mais plenamente presentes no momento para então encontrarmos o equilíbrio e a força para fazer as melhores escolhas e ajudar nosso controle emocional. É por isso que a atenção plena e a presença são uma parte importante do Princípio (ver p. 201-208).

Compreender e harmonizar as mensagens de nosso cérebro lógico, nosso cérebro emocional e nossos instintos (a ideia de mente, corpo e espírito estarem trabalhando juntos em vez de ficarem em conflito) nos fornece os alicerces para que vivamos em harmonia com nós mesmos e prosperemos em um mundo em constante evolução. Só então poderemos confiar em nossos sentimentos e ter a segurança de intuir o que é certo e melhor para nós e nossa comunidade. Essas "mensagens" podem variar de um frio na barriga quando sentimos algum incômodo a uma sensação de paz quando uma situação condiz com nossos desejos e valores fundamentais.

Escrever em seu diário o que acontece quando você segue sua intuição/corpo – em vez de fazer o que esperam que você faça ou o que as outras pessoas estão fazendo – pode ser um exercício revelador. Até mesmo desvios menores de suas próprias necessidades (como aceitar a escolha feita por seu parceiro para a viagem de férias ou ir a um evento do trabalho porque você se sente obrigado) oferecem custos ocultos. Se houver muitas concessões desse tipo, seus objetivos e necessidades mais profundos podem ser prejudicados, fomentando ressentimento e raiva, que, por sua vez, levam ao estresse e elevam os níveis de hormônios estressores. Estes, então, preparam-no para uma ameaça e o colocam em modo de sobrevivência, que faz com que fique mais difícil pensar com uma perspectiva de abundância e dar forma e foco à sua verdadeira intenção.

Há dois sistemas principais que podemos cultivar para obter acesso às nossas capacidades e formas de sabedoria mais profundas e intrínsecas: escutar as mensagens do nosso corpo ("interocepção") e prestar atenção ao que "nosso instinto" nos diz ("intuição"). Analisaremos o que ocorre em nosso cérebro e nosso corpo durante esses processos nos Capítulos 7 e 8. Depois, na Parte 4, aprenderemos a usar ferramentas práticas – como o diário, as listas de gratidão e a vida com atenção plena – para obter controle sobre esse poder.

O PRINCÍPIO

Fundamento 6: conexão universal

Trata-se da ideia de que estamos todos conectados, uns aos outros e ao universo. É esse fundamento que justifica uma atitude de abundância em relação à vida.

Como criaturas sociais, temos uma grande necessidade de sentir que fazemos parte de alguma coisa. O desejo de cultivar relacionamentos e de agir de forma compassiva e colaborativa com os outros e com o mundo é um motivador poderoso em termos neurocientíficos, pois ativa as vias de empatia em nosso cérebro. Sentimentos de afeição, como amor e confiança, liberam oxitocina e dopamina, que contribuem para as sensações de ligação e prazer, que são parte do sistema de recompensas do cérebro. Vários estudos mostram que um forte senso de propósito e sentido na vida está correlacionado à satisfação pessoal.[5]

Viver de um modo que seja benéfico para nós e harmonioso com os outros e com o universo é melhor que direcionar nossas energias "contra" outras pessoas e circunstâncias. Ao buscar esse tipo de harmonia, tomamos decisões que beneficiam não apenas nós mesmos, mas também aqueles por quem somos responsáveis. Em um sentido mais amplo, isso nos lembra da responsabilidade que temos com os mais vulneráveis e menos privilegiados em nosso mundo, o que está atrelado ao circuito moral do nosso cérebro.

Este fundamento trata, ao mesmo tempo, do modo como o mundo o afeta e de como você afeta o mundo. A citação que vem à mente, em relação a como aplicar isso em sua vida, é de Mahatma Gandhi: "Seja a mudança que você deseja ver no mundo".

Considerando as últimas pesquisas sobre neuroplasticidade (a incrível habilidade do cérebro de se alterar no estágio adulto), deveríamos nos concentrar menos em ser vítimas de influências externas e mais em fazer mudanças proativas em nossas vidas, mudanças essas que eventualmente exerçam também um efeito inspirador e motivador nas pessoas ao nosso redor. Fazer terapia para melhorar seus relacionamentos pessoais ou se candidatar a uma promoção em vez de esperar um convite são bons exemplos. Isso se estende para além de você e inclui efeitos benéficos à sociedade, à preservação do ambiente, ao clima e a qualquer outra coisa conectada a seu trabalho e a seus relacionamentos.

Reflita sobre o que lhe desperta um sentido de engajamento – coisas pelas quais você tem sentimentos fortes – e pense no que poderia fazer para melhorar isso. Pode ser algo simples, como fazer coleta seletiva em casa ou dedicar algumas horas semanais para ajudar uma entidade filantrópica local. Outras formas simples de estabelecer essa conexão universal incluem chamar a atenção para injustiças em outras partes do mundo, programar uma doação periódica para uma organização com a qual você se importa, oferecer auxílio a um idoso em sua vizinhança ou treinar para um evento esportivo beneficente.

Pense em sua "tribo"

Nossa necessidade de estabelecer conexões sociais é primitiva (as pessoas ao nosso redor compõem nossa tribo) e o Princípio confia nelas para ter sucesso. É crucial lembrar que a qualidade dessas conexões exerce uma grande influência sobre nosso pensamento, humor e comportamento. Em crianças pequenas, as conexões se limitam à família mais próxima, mas, conforme crescemos, o círculo se expande. Adultos têm a liberdade de redefinir sua tribo, selecionando as conexões que desejam, alimentando algumas e se desfazendo de outras. O mesmo acontece com as conexões no nosso cérebro.

A palavra usada por psicólogos e sociólogos para descrever o impacto de nossas conexões sociais é "contágio", e há cada vez mais pesquisas sobre o assunto. Estudos mostram que somos influenciados pelas pessoas mais próximas de nós de diversas formas: dos hábitos do dia a dia (sejam eles saudáveis ou não) a nossas emoções e até mesmo situação financeira. Por exemplo, descobriu-se que o divórcio de um amigo próximo aumenta significativamente o risco de uma pessoa se divorciar.[6] Do mesmo modo, pesquisas demonstram que, se um amigo ganhou peso, o risco de você engordar no ano seguinte aumenta em 57%.[7]

O contágio do estresse foi alvo de um estudo recente realizado no Hotchkiss Brain Institute, da universidade de Calgary.[8] No estudo, os parceiros de acasalamento de camundongos sob estresse sofreram alterações similares nos seus próprios neurônios que controlam a resposta cerebral ao estresse. Mesmo em humanos, há os casos de mulheres que moram juntas ou trabalham muito próximas uma da outra sincronizando seus ciclos menstruais após dois ou três meses. Por meio de um mecanismo similar, também influenciamos os níveis de hormônios estressores uns dos outros ao reprimirmos nosso próprio estresse.

Tente o seguinte exercício para examinar o impacto que as pessoas com quem você passa a maior parte do seu tempo exercem sobre você.

A árvore das pessoas

1. Em seu diário, desenhe uma árvore com cinco ramificações e, em cada uma delas, escreva o nome de uma das cinco pessoas mais próximas a você. Pode ser uma mistura de amigos, familiares e colegas, mas devem ser as pessoas que você considera as mais significativas na sua vida neste momento.

2. Em cada ramificação, escreva cinco palavras que descrevam bem aquela pessoa. Podem ser palavras positivas ou negativas, e devem resumir aquela pessoa e o que ela significa para você.

3. Diz-se com frequência que somos uma combinação das cinco pessoas com quem passamos mais tempo, então verifique essas palavras e veja em quantas delas você se enxerga. Coloque um asterisco nas palavras relacionadas a qualquer qualidade positiva que reconheça em você e um "x" nos traços negativos que você possui.

4. Pense em como você pode melhorar os seus "x". Geralmente, temos um juízo mais forte sobre os outros em relação a coisas que, no fundo, tememos em nós mesmos.

Após completar sua árvore, olhe para ela e para as 25 palavras que escolheu. Essas palavras exercem influência sobre você constantemente. Qual é o impacto dessas pessoas na sua mentalidade? Suas interações com elas tendem a alimentar ou a exaurir o Princípio?

Se sua árvore estiver repleta de negatividade, é preciso agir para mudar isso. Você pode passar menos tempo com essas pessoas ou mudar a forma como interage com elas, de modo a reduzir os efeitos negativos que isso causa em seu Princípio?

Pergunte-se quem desperta o que há de melhor em você e quem precisa ir embora. Anote em seu diário três passos que deveria realizar em prol de relacionamentos que apoiem seu desejo de mudar seu futuro. Escolha uma pessoa com a qual você passará mais tempo e com quem aprenderá; uma com quem você manterá as coisas como estão, de maneira mutuamente benéfica; e uma de quem você pretende se desvencilhar de forma proativa, permitindo que seu relacionamento com ela se esgote naturalmente à medida que se desconecta mentalmente dele.

Esse exercício e as pequenas formas de gerar gentileza com gentileza farão com que você se sinta mais conectado com a energia positiva das outras pessoas, o que é uma excelente maneira de alimentar a sua. Essa é a energia que alimenta a Lei da Atração, e precisamos ser ao mesmo tempo seus geradores e condutores.

Os seis fundamentos da atração, reinterpretados sob a luz de ciência de ponta, são ferramentas que o ajudarão a compreender a extensão do poder do Princípio. A materialização e o desejo magnético são úteis para elevar e concentrar sua atenção sobre as coisas que você deseja, guiando suas ações para que elas aconteçam. A paciência e a harmonia ajudarão a garantir que você se atenha a seus objetivos e que eles sejam congruentes com seu eu mais profundo. Por fim, estar ciente da abundância e da conexão universal o encoraja a pensar sobre seus objetivos sob o contexto de outras pessoas e do mundo como um todo; a considerar seu lugar no mundo e a fornecer um senso de propósito poderoso que guiará o Princípio, e assim você se tornará mais resiliente, compassivo e integrado a seus pensamentos. Essas mudanças levam a um aumento exponencial na consciência sobre o seu próprio poder.

Capítulo 2: Visualize

"Se você não sabe para onde está indo, todos os caminhos levam a lugar nenhum."

Henry Kissinger

Durante os preparativos para uma grande competição, a esquiadora Lindsey Vonn, multimedalhista olímpica, repetidamente visualiza a si mesma esquiando ao longo do percurso:

"Eu sempre visualizo a corrida antes de realizá-la. Quando chego à linha de largada, já fiz aquela corrida cem vezes na minha cabeça, enxergando como farei cada curva [...] Tão logo eu visualizo um percurso, não me esqueço mais dele. Então, posiciono-me no trajeto mais adequado e sigo exatamente o curso que quero realizar."

A visualização (ou visualização criativa) é uma técnica adotada por muitos atletas. Inúmeras estrelas, de Muhammad Ali a Tiger Woods, já declararam que a visualização é parte importante dos preparativos mentais que realizam antes de uma competição. Fora do esporte, várias celebridades também atribuem seu sucesso à visualização, dentre elas Arnold Schwarzenegger e Katy Perry – essa última chegou a ser fotografada certa vez ao lado do quadro de visões que fizera aos nove anos; todas as visões se tornaram realidade.

O linguajar da autoconfiança e da busca por sucesso vale-se de diversas metáforas visuais. Nós "sonhamos" fazer algo grandioso ou "enxergamos em nossa mente" algo acontecendo; esse é um linguajar que usamos especialmente quando estamos em harmonia com nossos sentidos e confortáveis com nossa imaginação e nossas divagações, em vez de concentrados exclusivamente em pensamentos racionais e exemplos concretos.

A visualização funciona porque, surpreendentemente, há pouca diferença no cérebro entre vivenciar um evento diretamente no mundo exterior e ter uma visão intensamente imaginada (às vezes acompanhada de ações imaginadas) do mesmo evento.

O poder da visualização

Comecemos com um exemplo simples: imagine que você está batendo de leve o pé direito no chão. Ao fazer isso, você estimulou a mesma parte do cérebro que se ativa quando você de fato realiza essa ação. Há até mesmo aparelhos de neuroimagem que mostraram pessoas em coma (incapazes de se mover ou de reagir) que, ao receberem instruções verbais para se imaginarem andando em sua sala de estar, ativaram partes do cérebro relacionadas a andar e também a imaginar.

Por incrível que pareça, simplesmente imaginar alguma coisa também pode trazer alguns dos benefícios físicos e mentais da ação imaginada: algo pode começar a parecer e até mesmo *se tornar* real por meio da imaginação pura. Estudos mostram que pessoas que se imaginam flexionando um músculo conseguem efetivamente aumentar a força física e também ativam vias cerebrais no córtice relacionadas ao movimento.[9] Da mesma forma, quando o psicólogo esportivo Guang Yue pediu a um grupo de teste que realizasse rotinas de exercício imaginárias no Cleveland Clinic Foundation, em Ohio, detectou-se um aumento na massa muscular dos participantes do teste, embora não tivessem feito nenhuma atividade física.[10] Incrível! Trinta voluntários jovens e saudáveis participaram do estudo. O primeiro grupo, de oito pessoas, foi orientado a fazer "contrações mentais" no dedo mínimo; o segundo grupo, de oito pessoas, realizou contrações mentais no cotovelo; ao terceiro grupo, também de oito pessoas, não se solicitou nenhuma ação, mas ele participou de todas as sessões de medição e atuou como grupo de controle; por fim, seis voluntários de fato realizaram exercícios físicos com o dedo. O treino durou doze semanas (quinze minutos por dia, cinco dias por semana). Ao fim do teste, a força nos dedos do primeiro grupo havia aumentado em 35% e a força no cotovelo do segundo grupo, em 13,5% (apesar de não se ter realizado nenhuma atividade física real!). Em comparação, o grupo que realizou o treinamento físico aumentou a força do dedo em 53%. O grupo de controle não apresentou mudanças significativas na força dos dedos ou dos cotovelos. Apesar de o grupo que realizou os exercícios físicos ter alcançado resultados melhores, o aumento obtido pelo grupo imaginário é de cair o queixo mesmo assim.

Isso nos fornece evidências concretas de algo que psicólogos do esporte há muito já sabiam: ao criar uma imagem mental das coisas que queremos realizar e combinar as visualizações com sensações físicas simuladas, nós melhoramos a conexão entre corpo e cérebro relativa a essa atividade. O cérebro registra essas simulações em um nível profundo e fica mais propenso a realizar uma conexão positiva diante de um sinal ou evento relacionado à atividade na vida real. Da mesma forma, hipnoterapeutas muitas vezes recomendam que você mantenha uma pulseira elástica no pulso e a estale toda vez que completa uma ação com a qual havia se comprometido. Ou, alternativamente, três pulseiras no pulso esquerdo, que devem ir para o direito durante o dia quando você tiver um pensamento positivo ou visualizar desdobramentos positivos na sua vida.

Unir um "gatilho" físico a um mental ativa tanto o corpo como o cérebro, formando o dobro de reforços em favor do resultado desejado. Estamos condicionando nosso cérebro a reconhecer e a adquirir habilidade em alguma coisa, mesmo que não a tenhamos visto ou feito antes. Faz sentido, portanto, que, ao visualizarmos nosso futuro ideal, isso prepare o cérebro para reconhecer aspectos desse futuro em nossas ações e interações diárias, detectando oportunidades que nos ajudarão e nos atraindo até elas.

Usar a visualização para tratar de um evento em particular também é altamente eficaz, porque desfaz o paradigma de que qualquer nova situação, pessoa ou lugar tende a ser tratado pelo cérebro como uma possível ameaça. Pense em um compromisso social importante, como uma entrevista de emprego ou um encontro às cegas. É quase certo que ficaremos nervosos, pois nosso cérebro reage a tudo o que ele não reconheça como familiar ou que nos tire de nossa zona de conforto; manter-se vigilante em relação a possíveis perigos é o estado preferido por seu cérebro diante de qualquer coisa nova ou de mudanças. Como vimos anteriormente, esse estado é dominado por pensamentos de escassez (o oposto da mentalidade de abundância). Todos nós estamos sujeitos a isso, especialmente em momentos de estresse, quando nossas glândulas adrenais continuam a liberar cada vez mais cortisol, hormônio estressor prejudicial à nossa saúde e que, mais importante nesse momento, enviesa nosso processo de decisão para evitar riscos. Todas essas coisas podem atacar nossa autoestima e os sistemas de crença que nos ajudam nesse tipo de situação, afetando, portanto, nosso desempenho e nossa habilidade de lidar com novas circunstâncias.

Porém, quando visualizamos antecipadamente um evento ou situação em particular, "enganamos" nosso cérebro e o fazemos pensar que já está familiarizado com o evento ou desafio visualizado, então ele fica menos desconfiado, posicionando-se de forma mais favorável à mentalidade de abundância que permite que corramos riscos calculados e aproveitemos oportunidades.

Quando uso visualizações com as pessoas para prepará-las para um evento específico – como uma entrevista de emprego, um discurso ou uma competição –, elas imaginam todo e cada aspecto daquele evento em suas mentes. Isso deve incluir o que estão vestindo (elas devem imaginar-se olhando para os próprios pés e observando os sapatos e as roupas que seriam usadas no dia) e o local onde estão, deixando a situação se desenrolar por completo e concluindo-a com um resultado positivo. Se elas já tiverem ido anteriormente ao lugar em questão, podem se imaginar lá; senão podem pesquisá-lo na internet ou tentar chegar um pouco adiantadas para familiarizar seus cérebros mais ainda. Isso não é diferente de procurar uma rota em um mapa ou aplicativo antes de iniciar um trajeto longo. Não pensaríamos duas vezes antes de fazer isso para um trajeto desconhecido, porém tratamos como natural não se preparar da mesma maneira para um evento importante.

Embora essa forma de visualização certamente possa ser útil para se abordar um evento importante específico, neste livro levaremos o poder da visualização para além disso, utilizando-o para construir uma visão de longo prazo para sua vida e explorando a neurociência por trás disso.

O PRINCÍPIO

Use a visualização para criar seu futuro

A visualização nos ajuda a canalizar a Lei da Atração e a agir com uma perspectiva de abundância e otimismo. Ela funciona elevando nossa atenção, direcionando nossa concentração para as coisas que mais queremos na vida e sobrepujando o desejo do cérebro de se proteger de situações novas ou difíceis. Ela também está ligada a duas capacidades particulares do cérebro: "abstração" e "integração sensorial".

Abstração

A abstração, ou pensamento abstrato, é a habilidade do cérebro de construir representações de coisas que não estão presentes ou não são definitivas; é imaginar possibilidades, ver padrões onde eles outrora não eram óbvios e ligar os pontos. De conceitos abstratos, como alguns postulados da astrofísica, ao uso criativo da língua, como a poesia, a abstração é o oposto do pensamento lógico, no qual tudo é definitivo e nada exige criatividade ou imaginação.

O pensamento abstrato ocorre quando nos perguntamos "E se?" diante de uma situação e refletimos se podemos decompor os problemas em partes menores e descobrir novas maneiras de solucioná-los. Ele permite que identifiquemos padrões de comportamento e alteremos nossas reações, que desenvolvamos novas formas de progredir e imaginemos o que ainda está por vir – como nossa futura viagem dos sonhos: aonde vamos, o que faremos e com quem estaremos. Isso pode parecer só um sonho no momento, mas usamos essa combinação de memória e conhecimento a uma forma de pensar flexível e formamos uma imagem bastante detalhada, quase como se fosse real, aqui e agora.

Há várias redes complexas no cérebro, mas as bases de todas elas são as redes de "modo-padrão" e de "controle". A rede de modo-padrão é a que nos permite pensar de forma abstrata, funcionando como um perfeito contraponto à sensação de "ver as partes, mas não o todo" que temos quando estamos afundados no pensamento lógico e funcional de nossas tarefas diárias ou nos sentimos estressados. Atividades como caminhar sem destino, sonhar acordado, passear e ler por prazer (e não por conta de alguma exigência específica) ativam a rede de modo-padrão do nosso cérebro. Quando ela desperta, as chances de a inspiração surgir aumentam, e tornamo-nos mais aptos a usar o método de livre associação e a utilizar nossa inteligência emocional e nossa intuição. Talvez seja por isso que, com tanta frequência, voltamos de um feriado ou período de férias com uma perspectiva nova sobre uma situação que antes achávamos extenuante, ou então com a determinação para conduzir nossas vidas a uma nova e audaciosa direção. O recesso nos ajuda a conceber novas possibilidades, a imaginar soluções novas para problemas antigos. Em seguida, precisamos agir com base nisso.

Porém, nosso cérebro lógico está acostumado a estar sempre "ligado". O contraponto à rede de modo-padrão que acabamos de mencionar é a rede de controle do cérebro – a série de vias que controlam a nossa concentração em todo tipo de tarefa e o nosso pensamento analítico. Então, intuitivamente, é natural supor que, quando você deseja fazer uma pausa na rede de controle – para que seu cérebro possa relaxar, realizar o método de livre associação e acessar aqueles momentos de "céu limpo" que todos desejamos –, precisará de ajuda para desligá-la.

A visualização é uma excelente maneira de se afastar da dominância lógica e acessar uma forma mais abstrata e flexível de se pensar. Ela começa integrando todos os nossos sentidos ao conceito de visualização para se utilizar da conexão entre mente e corpo (e é por isso que eu peço às pessoas que me digam qual é a aparência de sua visão ideal, quais os sons que a envolvem e até mesmo a sensação ao toque, o cheiro e o sabor que ela proporciona) e permite que abracemos por completo os aspectos de nossa vida que são desconhecidos e ainda precisam ser explorados. Este livro o ajudará a identificar os padrões de crença enraizados e inflexíveis que dominam seu pensamento e o auxiliará a construir alternativas mentais para que você se desenvolva e siga adiante. Todos os exercícios foram concebidos para tornar conscientes esses padrões de pensamento e comportamento inconscientes que talvez tenham se estendido ao longo de sua vida. Você poderá, então, contestar seus próprios pensamentos e escolher comportamentos novos e enriquecedores.

Conexões sensoriais

O cérebro cria o que enxergamos como realidade a partir das quantidades enormes de dados que recebe do mundo exterior por meio de todos os nossos sentidos. Nós então usamos a abstração, conforme as informações ativam memórias específicas, para criar conexões entre esses sinais sensoriais e eventos anteriores que nos lembramos de ter vivenciado. O cheiro é normalmente o sentido que mais estimula memórias – afetuosas ou repulsivas –, mas todos os sentidos interagem com as lembranças de maneira similar. Portanto, temos o poder de nos condicionar para o sucesso usando nossos sentidos para nos conectar a memórias de abundância, oportunidades ou relacionamentos gratificantes.

Começando a visualizar

Quando eu uso visualizações, encorajo as pessoas a sentir, além de enxergar, aquilo que imaginam. Visualizações devem utilizar todos os nossos sentidos, gerando uma experiência imaginada e "sentida". Você poderá conceber uma experiência sensorial completa ao criar o toque, o som, o aroma e também a parte visual na sua imaginação.

Abaixo, há uma visualização simples que age como uma forma eficaz de reconhecer os estados mentais mais positivos e negativos atuando dentro de você.

Seu "eu" positivo, seu "eu" negativo

Qualquer desenvolvimento pessoal significativo parte de um estado de consciência elevado que devemos ter em relação a nós mesmos, e este exercício consiste em melhorar esse estado de consciência. Faça a seguinte tabela duas vezes em duas páginas de seu diário, seguindo a divisão em quadrantes apresentada:

Físico	Mental
Emocional	Espiritual

"Físico" refere-se ao que você sente em seu corpo; "mental", ao que se passa nos seus pensamentos; "emocional", ao modo como você se sente; "espiritual", àquilo que você sente bem lá no fundo, em um nível mais fundamental, em relação a seu senso de sentido, propósito e lugar no mundo. Você reimaginará todos esses pensamentos e sentimentos mediante lembranças de um período em que você se sentia muito negativo, estressado ou infeliz, contrastando-o, em seguida, com uma situação na qual se sentia confiante, feliz e realizado. Isso deve ativar as mesmas emoções que você experimentou no momento, à medida que vai se lembrando do que aconteceu.

1. Comece pensando no período em que você se sentia muito estressado, em que sua confiança estava baixa e as coisas não pareciam correr a seu favor. Talvez você se lembre de uma época em que estava correndo o risco de ser demitido, ou se recorde de um rompimento romântico, talvez de um período em que se sentia desanimado, ou de uma reunião ou conversa que teve um desfecho ruim.

2. Feche os olhos e mergulhe nessa memória por um minuto (use o cronômetro do seu telefone para não passar desse um minuto). Durante esse minuto, reviva as imagens e os sons do ocorrido; recorde-se dos detalhes, como a roupa que você vestia e com quem você estava.

3. Quando o tempo acabar, abra os olhos e faça anotações nos quatro quadrantes imediatamente. No quadrante físico, você talvez escreva "exausto, músculos enrijecidos"; no mental, "pensamentos a todo vapor" e "por que eu?"; no emocional, pode ser que anote "triste, irritado, humilhado"; no espiritual, "perdido" ou "distante".

4. Em seguida, lembre-se de uma época em que você estava feliz e confiante, em que a vida era boa. Feche os olhos e mergulhe nessa memória por um minuto (usando novamente o cronômetro). Você talvez se lembre do dia do seu casamento ou de um aniversário importante, no qual estava cercado de amigos e parentes e a vida parecia auspiciosa.

O PRINCÍPIO

Como isso se manifesta fisicamente, mentalmente, emocionalmente e espiritualmente?

5. Desta vez, faça anotações em cada um dos quatro quadran-
    tes da segunda página.

6. Agora, compare os dois conjuntos de anotações. O que lhe
    parece surpreendente ou óbvio? Quais são as similaridades
    e as diferenças entre os dois conjuntos? Não há respostas
    certas ou erradas. Observe o que é relevante para você e
    use essa informação para, sempre que precisar, passar da
    inércia à autoconfiança com uma ação relacionada a um dos
    quadrantes. Essa ação pode se manifestar mediante um ma-
    neirismo físico, que o fará lembrar-se de como mantém os
    pés no chão, ou pela mentalidade que você decidiu abraçar
    nesse momento.

Sempre que faço esse exercício, o quadrante físico é o mais radicalmente diferente. Isso ocorre porque, quando me sinto mal, evito
olhar os outros nos olhos, tendo a não sorrir e minha postura se torna curvada.

O que você pode fazer para transformar um dia ruim em um dia
bom? Como, durante um momento difícil, manifestar tudo o que
há de melhor em você? Escreva a resposta para isso em seu diário, e
faça um lembrete mental de manter seus olhos atentos para imagens
em revistas que possam representar seu "eu" positivo em seu quadro
de ações.

Se é difícil demais mudar meus padrões de pensamento, controlar
minhas emoções ou animar meu espírito, sei que pelo menos posso
erguer a cabeça, ajeitar a postura dos ombros, olhar as pessoas nos
olhos e sorrir para elas.

Ao longo dessa semana, busque adotar uma atitude de encorajar
a si mesmo positivamente o tempo inteiro. Elogios ativam o circuito emocional associado a amor/confiança e alegria/empolgação, que,
por sua vez, estão correlacionados à oxitocina, hormônio de conexão
interpessoal, fazendo com que nos sintamos afetuosos em relação aos
outros e a nós mesmos. Como resultado, quando nos habituamos a

pensar dessa maneira, ficamos mais propensos a agir na base da abundância e sentir que o sucesso dos outros não diminui o nosso.

Autocríticas e negatividade, por outro lado, ativam o circuito de sobrevivência associado a emoções como medo, raiva, nojo, remorso e tristeza. Isso enviesa nossa perspectiva em favor da escassez e aumenta as chances de ficarmos travados no *status quo*, em vez de correr qualquer risco que possa levar a novas "punições".

Pense quanto tempo seu cérebro passa efetivamente "revivendo" ocasiões passadas, ruins ou felizes, e como essa visualização afetará sua mentalidade e seu processo de decisão. Comprometa-se a colocar seu "chapéu de positividade" com mais frequência e considere formas de transformar a visualização positiva em um hábito regular. Você pode tentar dedicar dois a três minutos do dia para visualizar seu eu confiante do exercício acima e, aos poucos, prolongar essa atividade para um período de cinco a dez minutos, se gostar dos eventuais benefícios obtidos com ela. Você ficará surpreso ao se dar conta do efeito que isso exerce sobre você e sobre o modo como você se relaciona com os outros – e também sobre como as outras pessoas reagem a você.

A visualização não se resume apenas à criação de uma imagem do que você quer, mas também envolve imaginar como você se sentiria se de fato estivesse naquela situação desejada. Tudo, incluindo o sabor em sua boca (o sabor do sucesso), o cheiro ao seu redor (a tinta fresca de uma casa nova, aromas culinários referentes a uma determinada carreira, seu perfume favorito para ocasiões especiais), o que você escuta (aplausos, congratulações, música) e, o que é extremamente importante, a sensação física em seu corpo ao se atingir aquela situação (qual é, de fato, a sensação da felicidade ou da confiança?).

Quanto mais praticamos a visualização, maiores as chances de percebermos quando estamos nos aproximando da situação esperada ou de notarmos as coisas associadas à aproximação de nossos ideais. Talvez você possa usar um óleo de odor específico para acompanhar suas visualizações ou o tempo usado em divagações mentais. O exercício de visualização apresentado, conjuntamente àqueles das páginas 209 e 212, o ajudará a fazer com que todos os sentidos atuem em seu favor, captando pistas e integrando suas vias cerebrais e formas correspondentes de pensamento para tornar sua visão realidade.

PARTE 2
O cérebro elástico

Capítulo 3: Seu incrível cérebro – a gênese do Princípio

Muito se diz que atualmente sabemos mais sobre o espaço sideral do que sobre o cérebro; mais sobre o raio de bilhões de anos-luz ao redor do nosso planeta do que sobre como funciona o 1,5 kg de células dentro de nossas cabeças. Mas nosso cérebro contém um potencial incomensurável embutido nos bilhões de neurônios agindo dentro dele. Alguns dos avanços mais promissores da última década no âmbito da neurociência revelaram novas informações sobre o quanto o cérebro pode mudar ao reagir a esforços concentrados e práticas direcionadas.

Nesse sentido, quanto mais você compreende o funcionamento físico do cérebro, mais potencial é capaz de liberar do Princípio, e essa habilidade de liberar o Princípio é igualmente crucial e transformadora, permitindo que cumpramos nossos desejos mais profundos, sustentemos relacionamentos saudáveis e recíprocos e planejemos o nosso futuro.

Ciência antiga, ciência nova

Até relativamente pouco tempo atrás, de modo geral, aceitava-se que, tão logo deixássemos de crescer fisicamente, nosso cérebro também já estaria completamente formado. Achávamos que nenhum neurônio novo podia se formar no sistema nervoso central (SNC) adulto, portanto, muito de nossa personalidade e potencial estavam fixados pelo resto da vida.

Sabemos há muito tempo que os nervos nos braços e pernas, por exemplo, podem ser regenerados se danificados, mas não o cérebro ou a medula espinhal. Entendia-se que éramos capazes de continuar aprendendo, assimilando informações e memórias e cultivando habilidades na idade adulta. Em suma, era perfeitamente possível que houvesse alterações em nossa *mente,* mas alterar o *cérebro* em si, em um nível mais profundo e fisiológico, era simplesmente impossível.

A neurociência moderna e o advento de tecnologias de neuroimagem desmentem essa teoria. Agora, sabemos que células-tronco neurais *estão* presentes no SNC adulto, principalmente no hipocampo (o que faz sentido, pois é nele que formamos e armazenamos novas memórias), e, embora ainda se discuta se essas células podem ser encontradas e cultivadas em outras áreas, a possibilidade parece cada vez maior. Vivemos em uma era iluminada, na qual descobrimos constantemente coisas novas sobre o cérebro e seus notáveis processos. O cérebro em si, assim como o que pensávamos saber sobre ele, não é tão imutável afinal.

Uma das histórias mais famosas na neurociência é a de Phineas Gage. Trabalhador ferroviário da Califórnia em meados do século XIX, ele sofreu um acidente de trabalho que mudou enormemente o que sabíamos sobre o cérebro até então. Gage era o encarregado de uma equipe que abria caminho para a instalação dos trilhos. Parte do seu trabalho consistia em usar uma barra de ferro para socar material explosivo no buraco de um rochedo. Foi durante a execução dessa tarefa que uma explosão inesperada aconteceu. A barra de aproximadamente um metro entrou pela bochecha de Gage, perfurou seu cérebro e saiu pela parte de trás do seu crânio, caindo ao chão a vários metros de distância e causando nesse ínterim a destruição de grande parte do seu lobo frontal esquerdo. É incrível que ele tenha sobrevivido ao acidente.

Porém, as mudanças ocorridas em sua personalidade após sua recuperação foram tão imediatas e profundas que seus amigos diziam "não ser mais o Gage". A companhia ferroviária, que o considerava um chefe de equipe exemplar, recusou-se a mantê-lo empregado devido a seu comportamento horroroso e sua perda de inibições. Análises do comportamento de Gage durante os doze anos que ele viveu depois do acidente permitiram aos médicos e cientistas estudar a resposta do cérebro depois de um trauma físico. A história peculiar de Gage foi o primeiro caso real a iluminar a compreensão moderna de como o cérebro controla os comportamentos, determina a personalidade e comanda o discernimento. Gage sofreu mudanças de personalidade severas, tornando-se incapaz de fazer planos ou inibir seus impulsos. Daí originou-se a ideia (hoje comprovada) de que o córtice pré-frontal é crucial para o controle dos nossos impulsos e também para anteciparmos o futuro e o planejarmos de acordo.

O PRINCÍPIO

Hoje, sabemos de coisas que até pouco tempo atrás não poderíamos nem imaginar, quanto mais na época de Gage. Ao longo dos últimos vinte anos, com o advento de técnicas sofisticadas de neuroimagem, começamos a descobrir o verdadeiro esplendor do cérebro e suas vias. Levarei-o a uma jornada pelo seu cérebro, abordando desde como ele se desenvolveu e é organizado até como ele administra tudo que vivenciamos. Isso é o que faz de você, **você**. Essa é a gênese do Princípio.

O incrível cérebro

Nosso SNC, depois de formado no nascimento e até o fim de nossas vidas, é composto de três partes:

- o córtice cerebral: a superfície exterior cheia de dobras que é o que geralmente pensamos ser o "cérebro";
- o tronco encefálico, que conecta o "cérebro" à medula espinhal;
- o cerebelo, na parte de trás do cérebro, majoritariamente relacionado à coordenação motora e ao movimento.

Essas partes funcionam juntas, elegantemente interconectadas como um quebra-cabeça 3D com 86 bilhões de peças, cada uma delas representando um neurônio no cérebro humano.

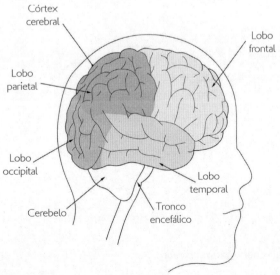

O cérebro humano.

Os neurônios (células nervosas) são os meios pelos quais podemos transmitir e interpretar informações de nossos sentidos e das mais diversas partes do nosso corpo. Eles também coordenam movimento, comportamento, comunicação e pensamento. Os neurônios repassam informações por meio das vias neurais, que transmitem sinais elétricos pelas áreas do cérebro – informações que incluem desde o que vemos e ouvimos a nossas reações ao calor, ao frio, ao toque e nossas respostas emocionais.

Neurônios são fascinantes. Eles se parecem com árvores: possuem um "tronco", chamado "*axônio*"; "galhos", chamados "*dendritos*", que recebem informação de outros neurônios; e "raízes", chamadas "terminais do axônio", que mandam informações a outros neurônios na forma de mensagens elétricas. As informações se movimentam como impulsos elétricos nas "raízes" do neurônio, que fazem com que aquela terminação nervosa emita uma substância química chamada "*neurotransmissor*", que, por sua vez, percorre o espaço (chamado "*sinapse*") entre um neurônio e o outro.

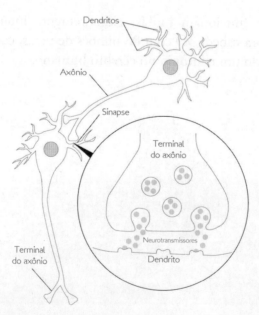

Neurônios (células nervosas) no cérebro.

O neurotransmissor é recebido pelos "galhos" de outro neurônio e, então, faz com que esse novo neurônio transmita outro impulso elétrico por intermédio de suas terminações; desse modo, o impulso elétrico segue de neurônio a neurônio.

Os neurônios trabalham incansavelmente: são capazes de transmitir mil sinais nervosos por segundo e de estabelecer até dez mil conexões com outros neurônios. Sabemos hoje que, mesmo na idade adulta, neurônios novos e antigos podem fazer mais e mais conexões, à medida que crescemos e mudamos nosso cérebro em resposta a tudo por que passamos. Todos os nossos pensamentos emergem dos sinais químicos e elétricos que são passados por essas sinapses entre nossos neurônios: quanto mais conexões fazemos, mais nos tornamos capazes de liberar o potencial do Princípio.

Esses sinais ocorrem simultaneamente e em diferentes configurações o tempo todo, mesmo quando estamos dormindo. Inclusive, enquanto dormimos construímos vias, estabelecendo novas conexões e cultivando células, tudo para processar as informações do mundo no qual vivemos durante nosso tempo desperto e refinar nossas respostas ao que acontece a cada dia, mudando nosso cérebro para que ele adquira experiência e amadurecimento. Conforme as vias se tornam mais fortes e mais estabelecidas – por causa do tempo e da repetição –, elas se convertem em padrões de comportamento e hábitos, dos quais podemos ou não estar cientes. O conceito de neuroplasticidade preconiza que podemos alterar e refinar esses padrões mesmo na idade adulta.

A formação do cérebro

O primeiro sinal de desenvolvimento no sistema nervoso ocorre cerca de três semanas após a fertilização no útero. Células-tronco embrionárias formam-se, desenrolam-se e, depois, dobram-se para formar o tubo neural, que então se torna o cérebro em uma ponta e a medula espinhal na outra. Trata-se de um processo extremamente complexo e delicado, guiado por nosso DNA, que faz com que sejamos quem somos em nosso nascimento.

Cada ser humano é um milagre a partir do momento em que chega ao mundo, e o que acontece em seguida – especialmente nos primeiros dois anos, enquanto o cérebro se desenvolve rapidamente e aprendemos a andar e a falar – é incrível. O cérebro dos bebês cresce aproximadamente 1% ao dia durante as primeiras semanas após o nascimento. No total, ele cresce cerca de 64% (passando de um terço do tamanho de um cérebro adulto para mais da metade) nos primeiros três meses.

O cerebelo, escondido na nuca, está relacionado ao movimento e especialmente ao equilíbrio, e é a região que cresce mais rapidamente no começo, adquirindo mais do que o dobro do tamanho original nos primeiros três meses de vida.[11] Podemos verificar os efeitos causados por perturbações no cerebelo em pessoas bêbadas (o caminhar desordenado e os movimentos desastrados, com alto risco de quedas, iguais aos de uma criança pequena!), já que o álcool afeta significativamente essa parte do cérebro.

O crescimento do cérebro de bebês reflete como nosso cérebro evoluiu ao longo dos milênios. As dobras do córtice cerebral crescem de forma irregular, variando de acordo com o que é mais importante no primeiro período da vida. Essas dobras são divididas em dois hemisférios: o esquerdo e o direito (e achávamos que isso era muito relevante para determinar o modo como os cérebros das pessoas funcionava... mas falaremos disso mais adiante).

Cada hemisfério do córtice cerebral inclui quatro áreas, ou lobos:

1. Os *lobos frontais* controlam raciocínio, planejamento, resolução de problemas e armazenamento de memórias de curto prazo, além de movimento.
2. Os *lobos occipitais* processam as informações dos olhos, conectando-as a informações já armazenadas no cérebro.
3. Os *lobos temporais* lidam com as informações sensoriais advindas de ouvidos, nariz e boca, além de estarem envolvidos com o armazenamento de memória.
4. Os *lobos parietais* estão envolvidos com informações sensoriais provenientes de audição, olfato e tato.

De forma geral, no cérebro há centros visuais, auditivos e até relativos à linguagem e muito mais, mas todas as funções dependem de redes complexas para se ativarem simultaneamente – e, como uma impressão digital, os mapas das funções em cada cérebro é único e dinâmico.

Áreas de associação são as partes do córtice não vinculadas a movimento ou sensações, mas que, em vez disso, estão envolvidas no processamento mais complexo de informações sensoriais e da experiência perceptiva do indivíduo frente ao mundo. As áreas de associação são organizadas como redes que estão espalhadas pelo cérebro e incluem áreas temporais, parietais e occipitais na parte de trás da cabeça, além das áreas pré-frontais. O córtice pré-frontal fica bem na frente do córtice (e da cabeça) e controla a *lógica* e a *criatividade*. Juntas, as áreas de associação interpretam a avalanche de informações que viajam pelo cérebro e pelo corpo. O córtice pré-frontal, que aumentou de tamanho conforme os seres humanos evoluíram, está envolvido em questões de propósito e de conduta em relação ao mundo exterior e nas capacidades de assumir riscos e trabalhar em prol de um objetivo – geralmente se relaciona ao que chamamos de "função executiva". Quando esse córtice não está funcionando adequadamente, ficamos mais distraídos, esquecidos, desinibidos, desatentos e emocionalmente instáveis. Mantemos a mesma narrativa antiga em nossas cabeças e tendemos a continuar repetindo padrões de comportamento mesmo diante de mudanças ao nosso redor. Soa familiar?

Habilitá-lo a considerar ideias opostas em sua mente e encontrar novas soluções e respostas é uma das funções mais elevadas de um cérebro com aproveitamento máximo. Todos podemos aprender a fazer isso ao impulsionarmos o pensar com o cérebro inteiro por meio dos córtices de associação, integrando nossos sentidos e usando o pensamento abstrato para enxergar padrões que não são óbvios. Quando o Princípio atua com seu potencial máximo, cria espaço para que novas conexões se desenvolvam enquanto nossas vias neurais atuem em conjunto, de forma heterodoxa e com totalidade. O pensamento criativo torna-se livre para florescer, em vez de manter-se desativado em um cérebro preso ao piloto automático.

As áreas de alto crescimento inicial nos cérebros de bebês estão ligadas ao desenvolvimento da linguagem e ao raciocínio mental (partes dos lobos frontais e parietais). As áreas relacionadas à visão (os lobos occipitais), que processam o que enxergamos, já estão consideravelmente desenvolvidas no momento do nascimento, então o bebê logo pode reconhecer e se conectar aos seus pais.[12] Habilidades menos palpáveis – como confiança, amor e resiliência – são influenciadas por nosso ambiente e nossos relacionamentos. Elas também demandam um período mais longo para se desenvolver – chegando até a adolescência –, por serem menos cruciais à sobrevivência inicial do bebê.

As vias neurais que conectam diferentes partes do nosso cérebro se desenvolvem e se fortalecem durante a infância, e o processo ocorre mais rapidamente durante os primeiros 12 a 24 meses após o nascimento – ou seja, no período mais intensivo do processo de se aprender a andar e falar. Então, durante a adolescência ocorre uma grande "poda" neural, mediante a qual o cérebro se livra de vias inutilizadas e se especializa em vias neurais sofisticadas, voltadas às habilidades necessárias para lidarmos com interações sociais, sobrevivência e reprodução.

A *medula espinhal* conecta o cérebro ao corpo, formando uma via de mão dupla para informações pela qual informações sensoriais sobem do corpo ao cérebro e informações de movimento descem do cérebro ao corpo. A medula espinhal e as partes de movimento e sensação do córtex cerebral se relacionam à capacidade crucial de *fisicalidade* presente no modelo de agilidade cerebral que veremos mais adiante, no Capítulo 7. Isso facilita nossa habilidade de escutar mensagens do nosso corpo e de utilizar a conexão entre corpo e cérebro em ambas as direções.

Na margem

Escondido dentro do nosso cérebro e do tamanho do nosso punho, o *sistema límbico* compreende as partes mais primitivas, emocionais e intuitivas de nosso cérebro. É lá que nossos hábitos e padrões de comportamento inconscientes são armazenados. É crucial que utilizemos essa parte do cérebro para aproveitar o potencial máximo do Princípio. Associadas a comportamento, emoção, motivação e criação de memórias de longo prazo, as principais partes do sistema límbico são as *amígdalas cerebelosas*, o *hipotálamo*, o *tálamo* e os *nú-*

cleos da base. A palavra "límbico" vem do latim *"limbus"*, que significa "beira" ou "margem".

Há controvérsias em relação ao sistema límbico, pois suas fronteiras foram redefinidas inúmeras vezes em decorrência dos avanços na neurociência. Embora seja verdade que as estruturas límbicas estão fortemente relacionadas às emoções, o cérebro deveria ser pensado como um todo integrado pelo qual as emoções percorrem. Como discutiremos mais adiante, dominar suas emoções é fundamental para liberar o Princípio, especialmente no mundo moderno, no qual os poderes da emoção e do instinto foram colocados de lado em favor de uma ênfase exacerbada em lógica e análise. Pendemos muito favoravelmente à questão da lógica quando se trata de tomar decisões e "medir" a chance de sucesso. Isso muitas vezes ocorre em detrimento de nossos desejos e necessidades mais profundos. Assim como o sistema límbico físico foi (e é) alvo de controvérsias, o mesmo se aplica ao conceito de que dominar emoções e ter um cérebro integrado é muito mais importante para liberar o Princípio do que a lógica e os símbolos convencionais de sucesso material. Ao fim deste livro, você saberá que isso é verdade.

O sistema límbico processa as informações que vêm do nosso córtice cerebral e repassa a maioria delas para o córtice pré-frontal e para o hipotálamo, formando uma central crucial que interpreta situações atuais em termos de reconhecimento de padrão e busca entendê-las, integrando dados emocionais, lógicos e intuitivos para nos ajudar a decidir como reagir. Isso inclui de tudo, de um simples "meu bebê está chorando, talvez esteja com fome" ao mais complexo e emotivo "essas dúvidas incômodas podem ser o sinal do fim do meu relacionamento". As amígdalas cerebelosas são dois conjuntos de células (um em cada hemisfério) responsáveis por nossas reações emocionais, mais especificamente as reações negativas de medo e ansiedade, e parecem exercer um papel ao atribuirmos significância comportamental a um evento e ao criarmos padrões de resposta a situações similares. Embora memórias de longo prazo sejam armazenadas no córtice, os neurônios no hipocampo mostram um alto grau de maleabilidade e potencial para continuar crescendo, o que é importante para a memória de curto prazo e para o humor.

No interior profundo do cérebro, o hipotálamo recebe sinais da retina, dos níveis hormonais, dos níveis de sódio no sangue e da temperatura do corpo. Uma das suas funções mais importantes é ligar o sistema nervoso ao sistema hormonal por meio da glândula pituitária, intensificando a conexão entre cérebro e corpo. O hipotálamo envia informações para o corpo e tem um papel no ciclo do sono-vigília junto com a glândula pineal, que libera melatonina como parte de nosso relógio biológico. Curiosamente, o famoso filósofo e cientista do século XVII René Descartes acreditava que a glândula pineal era o "assento principal da alma", e, embora a maioria de suas teorias a respeito disso tenham sido rechaçadas, ainda há uma associação popular entre a glândula pineal e os conceitos hindu e taoista de "terceiro olho" (um olho da mente ou um olho interior). O terceiro olho seria a mente inconsciente e conectaria as pessoas às suas intuições. Ele supostamente pode ficar mais poderoso por meio da ioga, da meditação e de outras práticas espirituais, como Qi Gong.

Por fim, no sistema límbico, os *núcleos da base* são uma rede de células no tronco encefálico que pensávamos relacionar-se principalmente ao movimento voluntário – pacientes com enfermidades neurodegenerativas, como doença de Parkinson e doença de Huntington, apresentam mudanças nessa rede –, mas descobrimos que eles também são importantes para nossos níveis de motivação e ação (tanto mental como física). Utilizar a habilidade das células dos núcleos da base para energizar ações em busca de recompensas e para nos libertar da apatia e da inércia – para manter a motivação – é outro elemento-chave para liberar o Princípio. É graças a isso que continuamos indo à academia para ficar em forma ou que perseveramos nos estudos que nos farão subir alguns degraus em nossa carreira.

Química do cérebro

É necessário que haja equilíbrio químico no cérebro para que mente e corpo continuem funcionando com harmonia e saúde. Eventuais desequilíbrios podem causar efeitos graves no comportamento e nas emoções. Em casos extremos, desequilíbrios de dopamina levam à esquizofrenia e desequilíbrios de serotonina podem causar depressão e quadros de transtorno bipolar. Neurotransmissores são substâncias

O PRINCÍPIO

químicas encontradas na "raiz" dos neurônios que permitem que a mensagem elétrica seja passada ao neurônio seguinte, formando vias dentro do cérebro. Há vários tipos diferentes de neurotransmissores, mas os mais importantes para o Princípio são aqueles mais relacionados ao nosso comportamento. A dopamina é a substância mais associada ao prazer e a recompensas (assim como ao movimento). É ela que nos oferece aquele desejo que temos por chocolate ou por vinho e a emoção de se apaixonar; porém, infelizmente, também é a substância que proporciona os prazeres da dependência química, do consumismo, da alimentação excessiva e de comprar mais do que se pode pagar. A serotonina é conhecida como "hormônio alegre", sendo comumente indicada para garantir equilíbrio do humor e da ansiedade. A oxitocina atua em favor das contrações no parto, da amamentação, dos carinhos, do amor, da confiança e da formação de laços entre os humanos. E todos já ouvimos falar das endorfinas: neurotransmissores que dão as caras em momentos de empolgação que, às vezes, chamamos de "uma dose de endorfina". Seja ao ganhar uma corrida ou ao fazer sexo, ou qualquer outro motivo, sentimos a excitação proporcionada pelas endorfinas quando nos exercitamos ou em momentos de estresse, medo ou dor, durante os quais o cérebro tenta nos acalmar e limitar qualquer percepção de dor.

Uma vez que os níveis desses transmissores e os nossos humores, emoções e vontades resultantes estão absolutamente correlacionados, podemos resgatar o poder de controlar nossa própria fisiologia por meio de como pensamos e cuidamos de nossos corpos, em vez de ficarmos à mercê dos níveis, das reservas, da qualidade e do fluxo dessas substâncias. O Princípio nos ajudará e nos ensinará a pensar com abundância, a sorrir até ficarmos felizes, a nos exercitar para melhorar o humor, a postergar recompensas, a meditar como forma de acalmar ansiedades e muito mais.

A chave para utilizar o potencial máximo do Princípio é permitir que cada uma das vias neurotransmissoras do cérebro seja ativada enquanto mantêm um certo equilíbrio de pesos e contrapesos entre elas, com as constantes informações de retorno permitindo que ajustemos os níveis de nossos neurotransmissores e dos sinais enviados em cada caminho. Precisamos fazer isso para formular e seguir nossos objetivos, devemos realizar deduções perceptivas que contemplem *todas* as nossas formas de pensar (especialmente a emocional *junto* à racional) e calcular os riscos. Idealmente, nesse estado equilibrado e potencializado conseguimos nos manter calmos *e* espontâneos, motivados *e* perceptivos. Temos os ingredientes certos e as melhores condições para o crescimento e o equilíbrio.

Os capítulos sobre o cérebro ágil e o subsequente programa de quatro passos para liberar a potência máxima do Princípio tratam o equilíbrio entre lógica e emoção como um objetivo crucial. Esses dois caminhos oferecem uma contrapartida um ao outro e são dois lados de uma mesma moeda: todas as nossas decisões são influenciadas por emoções, e nossos impulsos emocionais no sistema límbico são regulados pelo pensamento racional do córtice pré-frontal. Exploraremos isso mais detalhadamente na Parte 3, pois eles são o "yin" e o "yang" em perfeito equilíbrio e os dois polos da agilidade cerebral. Porém, quando nos estressamos, nosso processo de decisão se torna irracional e inconsistente e perdemos essa noção de equilíbrio, alternando descontroladamente entre os dois polos de lógica e emoção ou nos agarrando firmemente a um dele. Com isso, podemos acabar nos recusando a reconhecer nossas emoções, tentando racionalizar tudo, ou ceder ao extremo das emoções e nos tornar incapazes de encarar os fatos.

Autocuidado

As exigências da modernidade conspiram para deixar nosso cérebro em um estado constante de sobrecarga e estresse, então o Princípio precisa de ajuda para manter seu foco e atuar com eficiência máxima. É nesse momento que mudanças em nosso estilo de vida – incluindo a comida que ingerimos, o número de horas que dormimos por noite e os exercícios físicos que fazemos – podem trazer ganhos enormes.

Assumimos como irrefutável que nosso cérebro tenha tudo de que precisa para fazer bem o seu trabalho, e assim esperamos que ele siga funcionando. Em hipótese alguma trataríamos o nosso carro com tanto desleixo: no mínimo, certificaríamo-nos de que a revisão está em dia e, se algo parecesse errado com ele, o levaríamos na hora para a oficina. Então, por que tendemos a achar que nosso cérebro manterá suas funções habituais normalmente e será capaz de olhar por nossos interesses se estamos cansados demais, comemos mal e trabalhamos em um emprego estressante sem pausas regulares? Ou se simplesmente o "desligamos" durante períodos extensos de nosso dia?

Portanto, após apresentarmos nosso incrível cérebro e seu poder de conduzir nosso futuro, parece apropriado que observemos brevemente como e por que precisamos providenciar cuidados básicos a ele.

Descanso

Dormir menos do que as sete a oito horas por dia recomendadas para a maioria dos adultos (segundo um relatório recente da America's National Sleep Foundation, baseado na recomendação de dezoito renomados cientistas do sono) não é sustentável para 98–99% da população humana.[13] A incapacidade de cumprir essa cota causa impactos em uma série de medidas das funções cerebrais. Ao longo do tempo, uma escassez de sono habitual leva a um risco elevado de se sofrer de tudo, de doença de Alzheimer a obesidade e diabetes. A ligação entre mau sono e demência se dá porque o sistema de limpeza do cérebro, conhecido como sistema glinfático, leva de sete a oito horas para drenar resíduos do cérebro. Esses resíduos se acumulam ao longo do tempo devido a processos oxidantes, como o estresse e a ingestão de álcool, e podem levar aos sintomas da demência. Isso mostra a influência de longo prazo no Princípio, mas seu impacto imediato também é extremamente danoso. A falta de sono tem um impacto sério no funcionamento do Princípio, e, se você leva a sério o conceito de utilizar o potencial máximo do seu cérebro, não pode ignorar o sono. Uma noite inteira de sono perdido afeta comprovadamente o QI.[14]

A privação de sono também está ligada a um aumento na reatividade do cérebro, o que significa um risco maior de as reações virem da parte primitiva do cérebro, e não do córtice pré-frontal, mais lógico. Um cérebro bem descansado será capaz de tomar decisões mais adequadas e responder mais rapidamente a estímulos, além de acessar memórias de modo mais eficaz do que um cérebro que dormiu pouco. Quando se dorme o suficiente, torna-se mais fácil controlar emoções e o humor.

Há vários vídeos no YouTube sobre meditações pré-sono, como *yoga nidra* ou sono psíquico. Um estudo da Universidade do Sul da Califórnia e da Universidade da Califórnia descobriu que 58% dos participantes com insônia obtiveram melhoras significativas na qualidade do sono com sessões de meditação regulares. Ao fim do estudo, 91% deles haviam sido capazes de abandonar ou reduzir a dose de seus remédios para dormir.[15]

Para melhorar a qualidade do seu sono:

- Comprometa-se a ter sete a nove horas inteiras de sono por noite.
- Crie uma rotina de redução gradual das atividades antes de dormir e não se exponha a monitores (computadores, TVs etc.) por uma hora antes de ir para a cama.
- Use uma visualização ou meditação pré-sono para ajudá-lo a pegar no sono.

Nutrientes

Nosso cérebro compõe apenas 2% do peso de nosso corpo, mas usa de 25% a 30% do que comemos e não pode guardar nutrientes para depois. Pesquisas mostram que a fome afeta de modo significativo nosso processo de decidir, sejam decisões de grande ou menor importância. Juízes, por exemplo, estão mais propensos a conceder liberdade condicional no começo do dia ou pouco depois do almoço, quando estão mais energizados e sem fome. Um estudo avaliou mais de mil decisões feitas por juízes israelenses e descobriu que prisioneiros que estivessem entre os três primeiros casos após uma refeição tinham até seis vezes mais chance de receber liberdade do que os últimos três prisioneiros da sessão.[16]

Manter uma dieta saudável e equilibrada, rica em proteínas, cereais integrais (eles contêm todos os aminoácidos essenciais na composição das células) e "gorduras boas" (como as contidas no óleo de coco, em peixes oleosos e no abacate), além de vegetais ricos em vitaminas e minerais, tem um impacto enorme no cérebro. Por outro lado, alimentos processados em demasia (bolos, biscoitos e outras comidas prontas), excesso de açúcar e de gorduras saturadas (especialmente gorduras trans) podem ser prejudiciais ao seu cérebro, aumentando-se o risco de demência e de uma série de distúrbios de humor.

Quanto mais compreendemos a influência dos nutrientes no cérebro, mais importante a alimentação se torna para quem quer levar sua atividade cerebral a sério. Tente as seguintes orientações para aumentar a potência de seu cérebro:

- Coma uma colher (de chá) de óleo de coco na maioria dos dias da semana.
- Elimine comidas processadas e coma mais salmão e abacate.
- Consuma menos doces e troque-os por castanhas e sementes.
- Aumente o consumo de folhas verdes, como espinafre e brócolis.

Sobre nootrópicos

Nootrópicos são substâncias que melhoram a cognição e turbinam a potência do cérebro, sendo às vezes chamados de "drogas inteligentes". Por muitos anos, estudantes e funcionários de grandes empresas consumiram quantidades enormes de cafeína para estudar e trabalhar por mais tempo e agora tomam drogas feitas para tratar DDA, demência ou narcolepsia para melhorar seu desempenho. Não há evidências suficientes (se é que há alguma) de que esses medicamentos melhorem a potência cognitiva, eles apenas deixam a pessoa mais desperta. Como um amigo meu professor de neurociência disse: "São meio como o Viagra... Podem melhorar seu desempenho em uma ocasião ou outra, mas não vão salvar seu casamento!". Essas drogas não "aprimoram" o cérebro.

Hidratação

Aproximadamente 78% do cérebro é água, então é fácil entender como a atividade cerebral está diretamente relacionada aos níveis de hidratação. Uma queda de 1–3% nos níveis de hidratação pode ter um impacto negativo em nosso foco, atenção e memória. Por isso, é essencial que toda criança leve uma garrafa de água em sua mochila escolar e que adultos também sempre tenham uma à mão.

A água é vital em uma série de funções corporais importantes, como lubrificar as juntas e carregar nutrientes e oxigênio às células. Se não bebemos água em quantidade suficiente, nosso corpo se torna incapaz de manter suas funções básicas, e as primeiras áreas prejudicadas são a atenção e a memória, já que nosso cérebro não as prioriza como essenciais para a nossa sobrevivência. Mas, no mundo moderno, elas são essenciais, sim. Um estudo de 2015 descobriu que a desidratação é tão prejudicial para a concentração e os reflexos quanto o limite alcoólico legal para se dirigir um carro.[17] Segundo o estudo, motoristas que consumissem apenas 25 ml de água por hora cometiam o dobro de equívocos que uma pessoa devidamente hidratada. Uma quantidade comparável de erros seria a de alguém com 0,08% de álcool no sangue – o limite legal em diversos países. Um estudo de 2013 feito por duas universidades revelou que pessoas que consumiam cerca de 500 ml de água antes de realizar tarefas mentais reagiam 14% mais rapidamente do que as que não haviam bebido.[18] E, caso você esteja se perguntando, saiba que devemos beber diariamente meio litro de água para cada 15 kg de nosso peso.

Se você perceber que está com sede ou com os lábios secos, sua desidratação já passou de 3%. Assim como um carro cujo tanque de água não está cheio, seu cérebro simplesmente não consegue enviar as mensagens químicas e elétricas necessárias em um ambiente desidratado. Certifique-se de:

- Prestar atenção à sua sede ao longo de um dia comum. Se perceber que está com sede, você está desidratado. Evite ficar com sede bebendo pequenos goles de água regularmente.
- Ter sempre à mão uma garrada de água reutilizável (e sem bisfenol A). Mantenha-a cheia e ao seu alcance.
- Trocar bebidas que contenham cafeína por água ou chá de ervas, especialmente se você bebe muitas xícaras de café ou chá mate durante o dia.
- Ingerir mais alimentos ricos em água, como pepino e melão.

Oxigenação

Fazer exercícios não apenas energiza nosso corpo e nosso cérebro, fazendo com que respiremos mais profundamente e levemos mais oxigênio às nossas células, mas também melhora a própria neuroplasticidade. A oxigenação é um dos fatores daquilo a que os neurocientistas

O PRINCÍPIO

chamam de "enriquecimento ambiental", e pesquisas mostram que exercícios físicos podem afetar a sobrevivência e a integração das células geradas em nossas redes de neurônios ao aumentar o fornecimento de oxigênio e garantir que haja "uma reserva de neurônios prontos para o trabalho que possam substituir ou ser mais vantajosos do que neurônios velhos".[19]

Exercícios físicos regulares geram uma série de benefícios à saúde do cérebro. Juntando os resultados de onze estudos, vemos que exercícios regulares podem reduzir o risco de adquirirmos demência em 30%.[20] Eles também deixam o cérebro mais ágil. Pessoas que se exercitam apresentam melhoria de algumas funções cerebrais, como controle emocional e pensamento flexível, e têm maior capacidade de passar rapidamente de uma tarefa para outra.[21]

Em um estudo publicado pela revista científica *Neuroscience Letters*, pesquisadores da Universidade do Texas observaram o impacto exercido pelos exercícios de alta intensidade sobre uma proteína chamada BDNF (de "brain-derived neurotrophic factor", ou "fator neurotrófico derivado do cérebro", o que significa ela está relacionada ao desenvolvimento de células nervosas).[22] A proteína BDNF está envolvida na sobrevivência e manutenção das células cerebrais, no controle do humor e em funções cognitivas como o aprendizado e a memória. Baixos níveis de BDNF estão relacionados a uma série de transtornos mentais, incluindo depressão, transtorno bipolar e esquizofrenia. No estudo da universidade, adultos que tinham realizado uma sessão de exercícios de alta intensidade apresentaram níveis mais elevados de BDNF e melhorias na função cognitiva. Mas e quanto ao modo como você se sente durante o exercício? Acredite se puder, quando fazemos exercício com gosto, liberamos mais BDNF do que quando sentimos que é uma obrigação. A intenção parece ser importante na atividade cerebral: querer fazer algo, abordagem característica de uma atitude otimista e abundante, torna esse algo mais benéfico.

Há registros de que caminhar e praticar outros exercícios aeróbicos criam mudanças no hipocampo, a parte de nosso cérebro relacionada à memória, ao aprendizado e ao controle emocional.[23] O aumento da plasticidade no hipocampo e o possível desenvolvimento de novas células causado pelo BDNF – além do aumento no fornecimento de oxigênio nos vasos sanguíneos dessa área durante o exercício aeróbico – efetivamente levam a um aumento no volume do hipocampo. Isso também previne a atrofia natural de células cerebrais ao longo do tempo, então mesmo uma caminhada leve é uma forma de manter seu cérebro e prepará-lo para o futuro.

Por que não praticar tênis de mesa ou qualquer esporte que envolva a coordenação de múltiplos fatores, além de fomentar a sociabilização? Há evidências de que essa combinação de coordenação e sociabilização gera um aumento na densidade do cérebro nas partes do córtice relacionadas ao bem-estar social e emocional.[24] Exercícios para cultivar músculos que incluam variedade e coordenação, como a dança, também trazem benefícios ao cérebro. E, por fim, meu esporte favorito para a mente e o corpo é o boxe: envolve exercício aeróbico, tonificação dos músculos e é a melhor coisa para aliviar o estresse que já encontrei em todos os meus experimentos com exercício e atenção plena.

Por fim, para muitos de nós que vivemos em cidades cada vez mais poluídas, a qualidade do ar é o problema que não pode ser evitado ao se falar de bem-estar, e todos teremos que tratar desse assunto no futuro próximo. É uma coisa que está fora de nosso controle, e por isso é mais fácil ignorar seu impacto. Exercitar-se em áreas poluídas chega a diminuir a liberação de BDNF em comparação à prática de exercícios em um ambiente limpo ou a exercício nenhum! Quando nos exercitamos, respiramos profundamente, e escolher fazê-lo ao lado de uma rua movimentada significa que estamos enchendo nossos pulmões de ar poluído e cheio de micropartículas tóxicas. O monitoramento da qualidade do ar em uma rua movimentada no centro de Londres concluiu que os níveis de óxido de nitrogênio inalado por pedestres e motoristas eram equivalentes a fumar quatro cigarros por minuto, o que não apenas não promove o crescimento e a conexão de novas células como pode inibi-los.[25]

Eis algumas dicas para considerar na hora de planejar sua rotina de exercícios:

- Programe exercícios regulares (busque fazer no mínimo três sessões de trinta minutos por semana), que envolvam

O PRINCÍPIO

algo de que você goste. Marque-os em seu diário para que não se esqueça de fazê-los. Podem ser qualquer coisa, de tênis a dança ou natação.

- Se possível, evite exercitar-se em ruas movimentadas ou em calçadas muito próximas ao trânsito de veículos. A poluição do ar diminuirá seus níveis de BDNF, anulando alguns dos benefícios que seu cérebro obtém com o exercício.
- Varie o ritmo do seu treinamento, alternando entre intervalos curtos e rápidos e intervalos de recuperação mais longos. Isso é mais benéfico para o cérebro e para a produção de BDNF do que exercícios de resistência com ritmo constante.

Ambiente pessoal limpo

O ambiente físico tem um papel importantíssimo na manutenção do nosso humor, senso de perspectiva e níveis de estresse. Dedique algum tempo para considerar as realidades práticas dos lugares onde você passa a maior parte do seu tempo, e avalie o impacto disso na atuação do Princípio em sua vida. Faça as seguintes perguntas:

- A minha casa é calma e alegre?
- Há um lugar onde posso pensar com clareza?
- Meu espaço de trabalho fica em um lugar no qual posso ser criativo e manter o foco?

Se a resposta a qualquer uma dessas perguntas for "não", você precisa pensar sobre as medidas práticas que pode adotar para melhorar a situação, como escolher texturas e aromas agradáveis para desanuviar o ambiente ou selecionar imagens e objetos inspiradores para as paredes e prateleiras.

Um ambiente domiciliar que ofereça uma experiência sensorial agradável fará com que você se sinta calmo e seguro; será um espaço para você se recuperar do estresse e de preocupações. Embora fatores como esse não sejam tão significativos para nosso bem-estar como o número de horas que dormimos, eles ainda afetam nossa energia, motivação e autoimagem. Garantir que haja o mínimo de bagunça possível o ajuda a sentir-se no controle. Dito isso, cada um tem um limiar de tolerância diferente para níveis de bagunça e desordem (minha melhor amiga parece perfeitamente capaz de viver com o "guarda-roupas no chão", ao passo que minha necessidade de organização quase poderia ser diagnosticada como TOC). Entender qual é o seu nível e agir para garantir o respeito a esse limite criará um espaço no qual seu cérebro não será distraído por desordens inoportunas em qualquer canto para o qual você olhe. O mesmo se aplica a seu escritório, sua mesa no trabalho ou à área de trabalho do seu computador.

Tente seguir um ou todos os itens a seguir. Garanto que o esforço valerá a pena e que você sentirá os benefícios da mudança imediatamente:

- Faça uma limpeza extensa na bagunça da sua casa.
- Tente reinventar seu espaço de trabalho: arquive publicações e papéis soltos, limpe a área de trabalho no seu computador, escolha ilustrações revigorantes.
- Apague aplicativos no seu telefone que o distraiam, e busque maneiras de gastar menos tempo com seus hábitos tecnológicos.

Agora que você identificou as áreas passíveis de melhoria, pegue o seu diário e esboce uma lista de afazeres que inclua tudo o que você quer mudar de agora em diante para ajudar o seu cérebro: dormir e comer bem, beber água em quantidade suficiente, exercitar-se regularmente e limpar o seu ambiente pessoal.

Todos esses fatores relacionados ao dia a dia influenciam nossa neuroplasticidade e nossas vias cerebrais conforme nossos comportamentos (positivos ou negativos) se tornam hábitos. Quanto mais respeitamos nosso cérebro e nosso corpo ao priorizarmos um bom sono, refeições nutritivas, hidratação adequada e o fortalecimento mental e corporal com exercícios físicos e atenção plena, mais energia positiva teremos e mais fácil será atingirmos um equilíbrio interior.

No capítulo seguinte, exploraremos o quanto o Princípio é, de fato, flexível e capaz de ser positivamente dirigida. Não se trata apenas de melhorar o cérebro fisicamente, mas de mudar fundamentalmente o modo como vivemos nossas vidas.

Capítulo 4: Sua mente maleável: como reconfigurar suas vias neurais

"Os analfabetos do século XXI não serão aqueles que não sabem ler e escrever, mas, sim, aqueles que não sabem aprender, desaprender e reaprender."

ALVIN TOFFLER

Quatro anos atrás, fui informada de que, em breve, precisaria usar óculos de leitura. Eu havia notado que estava começando a segurar livros e meu telefone mais longe para enxergar melhor e que aqueles ganchinhos dos colares estavam ficando mais difíceis de fechar. Porém, em decorrência de minha compreensão da neuroplasticidade – a habilidade do cérebro de se adaptar e mudar –, quando minha oftalmologista disse que era "inevitável" que minha visão continuasse a se deteriorar e era "inútil" tentar resistir a usar óculos de leitura, bem, eu resisti.

Expliquei para ela que queria usar minha visão em deterioração como um experimento de neuroplasticidade e assim descobrir se conseguiria desacelerar ou evitar as mudanças. Ela achou curioso e disse que seria provável que eu começasse a sentir dores de cabeça e a vista cansada se não usasse óculos.

Meu "experimento" foi inspirado em algumas leituras que eu tinha feito sobre o impacto da pré-ativação psicológica em relação ao envelhecimento. "Pré-ativação psicológica" é o efeito que a mentalidade de envelhecimento exerce sobre o corpo físico – isto é, como nossos pensamentos sobre o envelhecimento afetam nossas habilidades físicas. Um estudo explorou a influência que o ambiente em que se vive exerce sobre o declínio físico e mental relacionado à idade em pessoas idosas (o estudo original de 1979 nunca foi publicado em uma revista científica com avaliação de especialistas, mas os resultados foram apresentados no livro *Counter Clockwise* ["Sentido anti-horário"], de Ellen Langer).[26] Em 1979, um grupo de octogenários foi colocado em ambientes que eram recriações de suas vidas duas décadas antes – com móveis "à moda antiga", programas de rádio da década de 1950 e diferentes detalhes visuais da época. Depois de apenas uma semana vivendo nessa vida "antiga", eles obtiveram melhoras na memória, na visão, na audição e até mesmo na força física. Embora as comodidades fossem menos favoráveis a seus corpos mais velhos e menos ágeis (não eram permitidos andadores ou bengalas, a não ser que já fossem usados vinte anos antes, e óculos de leitura foram confiscados), a saúde dos idosos melhorou mesmo nesse ambiente mais austero. Ao terem de viver suas vidas diárias sem as coisas nas quais passaram a confiar em tempos recentes e inspirados pela lembrança de quando tinham sessenta anos, seus cérebros se adaptaram rapidamente, dando-lhes um novo impulso. O grupo de controle, que conviveu na semana seguinte no mesmo ambiente recriado, mas apenas recordando em vez de incorporando a vida de quando seus membros eram mais jovens, também apresentou melhoras, mas não tantas quanto o primeiro grupo.

Havia várias diferenças cruciais: o grupo experimental teve que escrever textos autobiográficos sobre si como se fosse mesmo 1959, isto é, usando o presente como tempo verbal. Além disso, todos os participantes enviaram fotos suas de vinte anos antes e essas fotos foram compartilhadas com os demais participantes antes de eles seguirem para o ambiente do experimento. Lá, as fotografias, agora enquadradas, foram penduradas onde pudessem ser vistas. O grupo de controle apenas recordava o passado, concentrando-se no fato de que não era 1959 (a despeito do ambiente ao redor). Esse segundo grupo escreveu autobiografias no tempo pretérito e não havia fotos suas de 1959, apenas de 1979. Em termos de flexibilidade e destreza, o grupo experimental apresentou melhoras mais significativas; nos testes de inteligência, o grupo experimental apresentou uma melhora de 66%, ao passo que a melhora do grupo de controle foi de 44%. Fotos do tipo "antes e depois" foram apresentadas a estranhos, e estes classificaram as fotos do "depois" do primeiro grupo como sendo de pessoas mais jovens do que as pessoas nas fotos do "antes"! O experimento foi reproduzido em um programa da BBC chamado *The Young Ones* (Os jovens), com a participação de celebridades de idade avançada. Os resultados positivos foram similares. Fica o lembrete: não precisamos ser escravos da nossa idade cronológica!

O PRINCÍPIO

Eu me perguntava se poderia reproduzir um efeito semelhante comigo mesma ao evitar "ceder" à minha visão em declínio e me forçando a conseguir ler a uma distância que fosse ligeiramente desconfortável em vez de afastar o telefone ou usar óculos. Fico feliz em dizer que funcionou. Não senti dores de cabeça e logo estava acostumada a colocar o que precisava ler na mesma distância de antes, embora, no começo, fazer isso tenha sido um esforço consciente. Minha visão não se deteriorou, mas também não permaneceu a mesma; em vez disso, ela efetivamente melhorou um pouco durante esses quatro anos em que tenho aplicado essa técnica. Para mim, isso dá uma incrível sensação de poder e de reafirmação, e você pode fazer o mesmo.

Como mostra o meu miniexperimento, com esforço concentrado e determinação, é possível evitar ou postergar algumas das consequências supostamente "inevitáveis" do envelhecimento. Se, em vez disso, eu tivesse começado a usar óculos, os músculos dos meus olhos teriam se acostumado a isso e minhas vias cerebrais oculares teriam rapidamente se adaptado ao novo ajuste. Resumindo: o cérebro, por ser maleável, é capaz de reverter uma série de mudanças que parecem inevitáveis.

A resignação diante de alguns dos sintomas do envelhecimento e a qualquer declínio das atividades mentais e físicas pode se tornar uma profecia que leva à própria concretização. Isso ocorre porque o cérebro é sensível aos recursos que estão à sua disposição. Como sabemos, ele usa de 25% a 30% da nossa energia, então, sempre que possível, ele desempenhará suas atividades de modo-padrão (ou seja, do modo mais fácil, que despende menos energia); armados desse conhecimento, podemos forçá-lo a sair do padrão. Porém, realisticamente falando, isso não se aplica a tudo, pois não sei de ninguém que tenha conseguido reverter ou postergar a chegada dos cabelos grisalhos... até o momento!

A via para seu novo "eu"

Com esforço e mantendo nosso cérebro na melhor condição física possível, podemos criar novas maneiras de pensar, fortalecendo nossas funções executivas (tomada de decisões complexas, resolução de problemas, planejamento, autorreflexão) e aprendendo a dominar nossas respostas cerebrais primitivas de luta ou fuga diante do medo.

As pessoas muitas vezes me perguntam quanto tempo leva para se consolidar um novo hábito (que é sustentado por uma via cerebral nova ou alterada). Isso, claro, depende da complexidade do hábito em questão. Leva-se mais tempo, por exemplo, para se aprimorar a inteligência emocional do que para se dominar uma série de exercícios na academia. Mas a neuroplasticidade promete que, com esforço dedicado, a mudança virá. Esse fundamento da neuroplasticidade – o poder de criar novas vias nas partes conscientes e inconscientes do cérebro – sustenta todo o meu trabalho como coach e é a chave para qualquer mudança profunda e duradoura em nossos hábitos e em nosso modo de pensar.

É importante não complicar demais as coisas. Há vários exemplos cotidianos de neuroplasticidade ao nosso redor. Uma colega e especialista em liderança, com a qual dou aulas no Instituto de Tecnologia de Massachusetts (MIT), contou-me sobre quando decidiu explorar as pesquisas de neurociência mais recentes que havia por lá. Para isso, encontrou-se com um dos professores da área. Ele perguntou o que ela havia almoçado na terça-feira anterior. Ela se concentrou para lembrar e, depois que deu a resposta, ele disse: "Neuroplasticidade é isso! Você acabou de fortalecer a conexão dessa memória em particular ao se lembrar dela". Isso pode parecer algo pequeno, mas é um exemplo simples de como fortalecemos conexões no cérebro com cada pensamento ou lembrança.

Experimente você mesmo, neste exato momento. Pense em um dia: a última sexta-feira, por exemplo; ou um dia memorável mais distante: um aniversário importante. Pense na sequência de eventos. O que aconteceu? Onde você estava? Quem mais estava lá? Como você se sentia? Essa é uma lembrança feliz ou difícil? Ao fazer a recordação, você ativou outra conexão entre os neurônios na área de memória do hipocampo, bem no centro do cérebro. Quanto mais você revive uma memória e/ou quanto mais fortes forem as emoções associadas àquela memória, mais forte a conexão fica. Isso é resultado da repetição e também da intensidade emocional, que então levam ou a uma memória saudosa, que vem à mente com facilidade, ou a uma memória aterrorizante, que você quer esquecer, mas segue reforçando ao pensar nela. De qualquer modo, lembre-se da frase "neurônios que se ativam juntos permanecem juntos". Para o bem ou para o mal.

O PRINCÍPIO

O primeiro passo para embarcar nos exercícios de expansão da mente e progressão na vida contidos aqui é compreender que o cérebro é dinâmico, flexível e capaz de reconstruir suas vias mediante esforço dedicado. Sempre que ouço alguém dizer "é meu jeito de ser" (ouço muito isso quando pergunto às pessoas o que as está impedindo ou limitando de atingirem seus objetivos), contesto essa crença. É extremamente importante que você compreenda plenamente o que a neuroplasticidade significa; em particular, o que ela significará para você. Ela precisa fazer sentido a você pessoalmente.

Reivindicando seu poder

Qual é a primeira coisa que vem à sua mente quando pensa sobre o que gostaria de mudar no modo como seu cérebro opera? Imagine como a vida seria se você operasse segundo um paradigma diferente, com mais abundância, confiança nos outros ou flexibilidade. Você seria mais feliz e saudável? Teria relacionamentos melhores? Você é capaz de enxergar uma área em particular da sua vida na qual seu cérebro está preso a vias e hábitos negativos? Talvez você possa olhar novamente para as frases nas páginas 24 e 25 e lembrar com quais afirmações você se identificou mais.

Se ajudar, pense no seu cérebro como uma estrutura mais tangível, como o hardware de um computador, isto é, o teclado, o monitor e o disco rígido. Sua mente, nesse caso, é o software intangível que roda nesse computador. Porém, nessa metáfora, você não é só um computador que fica parado na mesa, incapaz de mudar. Em vez disso, você é, ao mesmo tempo, o programador que atualiza o software e transforma os dados (seus pensamentos) e o engenheiro que trabalha nos bastidores para fazer ajustes finos no hardware em si (seus neurônios). Você também controla a fonte de energia que alimenta o computador, sendo essa energia determinada por suas escolhas em relação ao que você come e bebe, quando e como se exercita e medita, com quem interage e onde e como você vive. Você é o arquiteto, o designer e o zelador do Princípio, com o poder de criar, manter e destruir suas conexões neurais. Esse processo é a neuroplasticidade em ação.

Qualquer um que duvide desse poder pode olhar para a ciência e os exemplos de neuroplasticidade dignos de nota que ela tem para apresentar. A neuroplasticidade, em sua versão mais positiva, é a chave para o empoderamento pessoal. Ela garante que, com esforço, possamos superar formas de pensar e comportamentos negativos profundamente arraigados, incluindo padrões de relacionamento e hábitos viciosos e destrutivos. Vi pessoas que se recuperaram das mazelas físicas causadas por derrames e tumores cerebrais, que se reabilitaram do vício em drogas e álcool e de transtornos alimentares, além de muitas outras que superaram desafios cotidianos igualmente importantes, como divórcio, coração partido, luto, desemprego, realocação ou uma completa mudança de carreira.

A neuroplasticidade também garante que sejamos capazes de perdoar. Libertar-se de uma perda ou mágoa do passado pode ser a mudança mais difícil de se fazer no cérebro, mas muitas vezes essa via é exatamente a mesma que nos leva à vergonha, à desconfiança e à incapacidade de perdoar – e tudo isso nos deixa parados no tempo. Nosso cérebro está em constante processo de evolução, refinamento e aprendizado, em resposta a tudo com que lidamos – acontecimentos, emoções e pessoas. Devemos ter ciência disso e controlar tanto as coisas às quais os sujeitamos quanto o modo como enfrentamos o impacto exercido por elas. Podemos fazer isso em tempo real, livrando-nos de mágoas passadas e limpando o que faz parte do presente.

O poder adaptativo e regenerativo do cérebro é incrível. Sempre que nos sentimos presos a nossos pensamentos ou a padrões de comportamento antigos, é útil nos lembrarmos disso. Até alguns de nossos traços mais básicos e "intrínsecos" podem ser reconfigurados. Vias importantes do cérebro podem se readaptar inclusive na idade adulta. Os experimentos com macacos de Silver Spring, realizados entre as décadas de 1950 e 1980 – que se tornaram notórios porque o tratamento dispensado aos macacos culminou na fundação da PETA e atraiu o repúdio de ativistas de direitos dos animais reconhecidos no mundo todo –, demonstraram que macacos cujos gânglios aferentes (as partes do sistema nervoso central que fornecem ao cérebro as sensações dos braços) foram cortados e cujo braço dominante fora amarrado rapidamente expandiram a parte do cérebro associada ao braço não dominante, conforme ele era usado para as funções normalmente atribuídas ao outro braço: alimentação e limpar o pelo.[27] Os resultados

O PRINCÍPIO

foram um marco no desenvolvimento da neurociência, pois, a partir de então, foi possível verificar que um "remapeamento" significativo havia ocorrido dentro do cérebro. Isso demonstrava que, ao contrário do que se pensava anteriormente, o cérebro primata adulto *conseguia* mudar sua estrutura em resposta ao ambiente. Como nós somos primatas, pouco depois foi demonstrado que isso ocorria igualmente no cérebro adulto humano.

Edward Taub, o psicólogo que liderou os estudos em Silver Spring, posteriormente usou seu conhecimento sobre neuroplasticidade para criar um método de reabilitação de vítimas de derrame. A "terapia de movimento induzido por restrição" ajudou muitas dessas vítimas a recuperar o movimento de membros que ficaram paralisados por anos. Essa habilidade do nosso cérebro de superar até mesmo desafios que parecem intransponíveis (como a paralisia) abre possibilidades gigantescas. Uso esses exemplos para encorajar as pessoas: "Veja, podemos de fato mudar radicalmente nosso cérebro – e, portanto, nós mesmos – com esforço e persistência".

A partir dos anos 1990, as pesquisas sobre neuroplasticidade explodiram. Em estudos que inspiraram milhares de pais com grandes ambições para os filhos, neuroimagens revelaram que tocar um instrumento levava a aumentos significativos na neuroplasticidade e a novas conexões no cérebro.[28] A massa neuronal de várias regiões do cérebro de músicos é muito mais densa do que a de não músicos. Alguns desses aumentos aparecem em áreas óbvias: neuroimagens de violinistas mostram que a área do cérebro associada à mão esquerda (responsável pela digitação nas cordas) é muito mais densa do que a mesma área na população em geral, por exemplo. Outras mudanças aparecem em outros lugares, mostrando que benefícios de todo tipo são trazidos ao cérebro quando tocamos um instrumento – benefícios esses, como melhor processamento de lembranças e capacidade mais elevada de resolução de problemas, que não estão diretamente relacionados ao aprendizado em si.

Esse fenômeno, assim como os efeitos similares em pessoas bilíngues desde tenra idade, indica que há um "efeito borboleta" neurológico em ação, com mudanças em uma via do cérebro levando a mudanças em outros lugares. Os benefícios das atividades que estimulam a neuroplasticidade são complexos e variados.

A neuroplasticidade também permite que haja mudanças compensatórias, como no caso dos macacos de Silver Spring e nos casos de derrame já mencionados; estudos usando neuroimagens do cérebro de pessoas surdas de nascença mostram que as áreas do cérebro geralmente dedicadas à audição eram ocupadas e utilizadas para processar a visão.[29] Há casos de pessoas que perderam a maior parte de um lado do cérebro ou uma região importante inteira, como o cerebelo. O cérebro, em todos esses casos, intervém para compensar a perda, de formas variadas e inesperadas – e assim o lado direito eventualmente assume várias funções do esquerdo e as funções da parte ausente são assumidas por outra região. Tudo isso realça não apenas os mistérios do cérebro e nossa falta de compreensão sobre ele, mas também a sua incrível plasticidade e resiliência. Nesse contexto, as mudanças que a maioria de nós espera fazer são relativamente pequenas, o que é encorajador!

As mecânicas da neuroplasticidade

Em termos científicos, há três processos distintos de neuroplasticidade: aprendizado, aperfeiçoamento e capacitação.

Aprendizado

Esta forma, a mais óbvia, está relacionada às conexões sinápticas: o atrelamento e o fortalecimento das conexões entre neurônios existentes por meio de um aumento no número de sinapses. Esse aprendizado está ligado àquela sua habilidade nota sete, uma área na qual você sabe que tem potencial e em que se tornaria muito bom se tivesse tempo para dedicar-se a ela devidamente. Talvez seja o idioma inglês, que você não usa desde os tempos da escola. Que tal voltar a fazer aulas, praticando o máximo possível e planejando uma viagem para os Estados Unidos? Em termos de aprendizado, você nunca será tão fluente quanto um falante nativo, mas será capaz de se virar em conversas e ter uma boa viagem.

Aparentemente, pelo menos dois tipos de modificações ocorrem no cérebro com esse tipo de neuroplasticidade:

1. Uma mudança na estrutura interna dos neurônios, principalmente a formação de novas sinapses em suas terminações, que se tornam capazes de fazer mais conexões com outros neurônios.
2. Um aumento efetivo no número de conexões entre neurônios, de forma que mais neurônios estejam conectados uns aos outros por essas sinapses.

Aperfeiçoamento

O aperfeiçoamento está correlacionado a um processo chamado mielinização, uma forma de acelerar o modo como os neurônios atuam mediante seu revestimento por uma camada branca, gordurosa e isolante (chamada mielina) que acelera a transmissão entre eles. Isso eleva ao máximo a eficiência das vias feitas de neurônios já conectados, pois funciona como um revestimento isolante que garante que o máximo de eletricidade seja transmitido e o mínimo seja dissipado.

O aperfeiçoamento tende a ocorrer quando você se torna especialista em algo, e pode ser visto quando você se reabitua facilmente a alguma coisa mesmo depois de anos sem a praticar. Essa é sua habilidade nota dez. Você pode ter um bom ouvido para a música, e tocou piano, violão por vários anos. Você, então, decide aperfeiçoar sua técnica de violonista participando de uma banda e tocando regularmente. Isso parece vir a você com facilidade e, quanto mais você toca, mais seu cérebro se adapta.

O melhor exemplo de aperfeiçoamento é aquele conhecido como "The Knowledge" ("O Conhecimento"). Trata-se do rigorosíssimo conhecimento profissional adquirido pelos taxistas de Londres, que envolve memorizar cada rua da cidade durante o treinamento. Durante esse processo de aprendizado, cientistas da University College London (UCL) observaram que as partes do cérebro dos taxistas relacionadas à navegação e à memória, localizadas no hipocampo, aumentaram fisicamente em densidade.[30] Por melhor que seja seu senso de direção, esse aprendizado requer um esforço intenso. A maioria dos taxistas leva de um a dez anos para adquirir "The Knowledge", mas, depois que o adquirem, tornam-se especialistas. Não importa quão bom seja o nosso senso de direção, a maioria das pessoas jamais será tão boa nisso quanto um taxista londrino.

Capacitação

O termo científico para esse terceiro processo da neuroplasticidade é "neurogênese". Ela não é menos compreendida do que as outras duas formas de neuroplasticidade, e ocorre muito menos no cérebro adulto, estando mais relacionado a mudanças cerebrais em bebês e crianças pequenas. Ela envolve a formação de novos neurônios maduros a partir de células-tronco nervosas que ainda estão por se formar, mas que têm o potencial de se tornarem neurônios e de se conectarem com outros neurônios existentes, formando uma nova via que antes não existia no cérebro – ou seja, desenvolvendo uma nova habilidade que você ainda não tem e para a qual não possui uma aptidão natural.

Isso é trabalhoso e consome muito tempo, pois precisa ser seguido pelo "aprendizado" e possivelmente pelo "aperfeiçoamento". Estudos mostram que, em humanos, a neurogênese reduz-se significativamente com a idade. Alguns estudos indicam que ela praticamente não existe em adultos.[31] Células-tronco neurais já foram vistas no hipocampo, no qual se armazenam as memórias, mas, até o momento, em nenhum outro lugar no cérebro adulto. Isso faz sentido, já que, em termos práticos, treinar para adquirir uma nova habilidade que lhe é completamente estranha provavelmente será frustrante e algo que apenas pessoas com muito tempo e energia disponíveis considerariam fazer. Seria como se alguém com má coordenação entre mãos e olhos resolvesse praticar golfe sem nunca ter jogado antes, e ainda por cima sem nutrir especial apreço por essa atividade. Para algumas pessoas, haveria pouquíssimo progresso antes da desistência. Outras, mediante muita dedicação, poderiam chegar a um nível de competência mediano, mas teriam que se perguntar se os seus esforços não seriam mais bem aplicados em outra coisa!

O PRINCÍPIO

Sophie: desligada do próprio corpo

Alguns anos atrás, fui contratada para fazer um programa de resiliência em uma firma de advocacia da qual Sophie era sócia. Ela era uma ex--fumante na casa dos cinquenta anos, bastante acima do peso, dona de uma pele cansada e seca, de movimentos vagarosos que denotavam baixa energia. Sophie tomava remédios para controlar os níveis de colesterol, pressão alta e diabetes. Ela explicou que sua diabetes era mal controlada e havia piorado nos anos anteriores.

Estava claro para mim que ser uma pessoa ambiciosa e viciada em trabalho era parte da identidade de Sophie e isso a distraíra dos problemas físicos que a acometiam. Para fazê-la enxergar a situação, pedi-lhe que usasse por três dias e três noites um monitor de variabilidade da frequência cardíaca (VFC), que monitora o sono, os níveis de estresse, as atividades físicas e a resiliência de modo geral. O monitor de VFC funciona captando sinais dos nervos ao redor do coração, assim podemos verificar quando o estresse ocorre e o sistema de luta ou fuga entra em ação. A partir da frequência cardíaca e de sua variabilidade, podemos distinguir se o estresse é físico ou psicológico.

Na semana seguinte, fiquei chocada quando os resultados do monitor de VFC vieram em branco, algo que eu nunca tinha visto antes. Quando compartilhei essa informação com Sophie, ela respondeu com um tom despreocupado: "Ah, eu sei que tenho neuropatia diabética". Não conseguia acreditar que ela não tivesse mencionado isso antes. Neuropatia diabética é uma forma de dano nos nervos resultante de diabetes severa e mal administrada no longo prazo. Significa que as terminações nervosas começaram a atrofiar. Quando as terminações nervosas ao redor do coração são afetadas, como no caso de Sophie, cria-se um risco enorme de doenças cardiovasculares e de um ataque cardíaco. Senti que ela precisava acordar. Expliquei que ela apresentava quase todos os fatores de risco para um enfarte: obesidade, estresse, colesterol alto, pressão alta, diabetes, histórico de fumante. Mas ela se sentia entorpecida e em negação profunda quanto a seu estado físico e às consequências do estilo de vida danoso que adotara.

Deixei claro que isso era uma escolha que ela estava fazendo e que podia ter consequências graves para as pessoas que a amavam e dependiam dela. Pude observar que as vias no cérebro dela, que a haviam tornado tão bem-sucedida no trabalho, estavam decididas a apoiar e negar a negligência – quase abuso – com seu corpo e saúde. Não parecia que ela acreditava ser capaz de mudar, mas meu alerta fez efeito, pois a gravidade do que eu dissera falou alto a seu núcleo emocional. Sophie começou a alterar o modo como pensava – o início da capacitação, com o processo de pensamento levando a novas ações.

A mudança em seu modo de pensar inspirou-a a realizar mudanças comportamentais para as quais ela nunca se sentira motivada antes. Na vez seguinte em que a vi, ela havia perdido peso visivelmente e sua pele estava menos pálida. Ela disse que no dia seguinte à nossa conversa ela começou a ir a pé para o trabalho e, depois, a usar escadas em vez do elevador. Em um curto período de tempo ela atingiu dez mil passos por dia e, após isso, começou até a ir e voltar a pé do trabalho diariamente (vários quilômetros por cada trajeto). Ela também começou a tomar todo dia um suco verde e reformulou seus hábitos alimentares.

O estágio de aprendizado intensificou-se ao passo que os novos comportamentos de Sophie ganharam embalo, tornando-se habituais e formando novas vias em seu cérebro. "Eu superei a dor inicial de adotar novos hábitos", ela me disse. "Comecei a gostar de andar e a desejar alimentos mais saudáveis. Deixei de ser displicente em relação à minha saúde e comecei a cuidar do meu corpo e do meu bem-estar com mais orgulho." Sophie seguiu a capacitação com aprendizado, e as conexões sinápticas para sustentar seus comportamentos novos e saudáveis foram firmemente estabelecidas em favor de vias novas e fortes. As vias antigas que sustentavam seu comportamento negativo devem atrofiar-se simultaneamente a esse novo crescimento, permitindo que ela sobreponha o novo ao velho.

O PRINCÍPIO

A neuroplasticidade e você

Não há uma receita universal para implementar mudanças estruturais no cérebro; o que funciona para outras pessoas pode não ser o ideal para você. A dra. Lara Boyd, diretora do Laboratório de Comportamento do Cérebro na Universidade da Colúmbia Britânica, no Canadá, realizou pesquisas que mostram como padrões de neuroplasticidade variam de uma pessoa para outra.[32] Ela descreve como as características neuroplásticas únicas de seu cérebro são influenciadas por sua herança genética. Uma coisa é certa: como você deve imaginar, criar novas vias neurais é trabalhoso. No começo, vai parecer contraintuitivo e algo com que você precisa se comprometer de novo e de novo. Você, é claro, vai escorregar, voltando à sua forma antiga de pensar e às suas vias habituais. Isso explica por que, durante o processo de aprender uma nova habilidade – seja tocar um instrumento musical ou aprender um novo idioma –, você pode ter a sensação frustrante de que em uma semana "pegou o jeito da coisa" e, na seguinte, voltou à estaca zero. A mudança do cérebro ocorre em fases, e aumentos de curto prazo nas substâncias cerebrais que estimulam conexões entre neurônios não são a mesma coisa que mudanças estruturais de longo prazo que ocorrem por meio de esforços repetidos. E a transformação desses esforços em comportamento natural é como nós desenvolvemos e sustentamos hábitos, que são representados por vias fortalecidas no cérebro, mais espessas, conectadas e possivelmente mais bem isoladas eletricamente que outras vias relativas a esse comportamento.

Estimular a mudança no cérebro é desgastante física e mentalmente. É crucial estarmos prontos para isso, sem achar que será fácil. Quando recentemente eu decidi encarar um desafio de neuroplasticidade e aprender, com pouco menos de quarenta anos de idade, um idioma completamente diferente de qualquer um que eu já tivesse falado (dinamarquês), estava bem ciente do cansaço que sentia depois dos primeiros sessenta minutos das minhas aulas de noventa minutos. Sentia-me cansada e depois faminta, devido ao esforço exigido para aprender um novo vocabulário e um novo conjunto de regras gramaticais tão diferentes das regras do inglês, do bengalês (cresci bilíngue, falando esses dois idiomas), do francês (que aprendi na escola, dos nove aos dezesseis anos) ou do africâner (que aprendi depois dos 25).

Fascinante em minha experiência de aprender dinamarquês foi o fato de, quando eu tinha dificuldade de me lembrar de uma palavra, o africâner vir à mente, mas nunca o francês nem o bengalês. Meu amigo, que é professor de neurociência na UCL, disse-me que isso ocorre porque os idiomas aprendidos na infância e na idade adulta ficam armazenados em partes diferentes do cérebro. Também foi chocante perceber que, depois de ter atingido um certo ponto de virada neurológica, eu conseguia aguentar a duração da minha aula com facilidade, depois de dois ou três meses de aprendizado. Meu cérebro tinha feito o trabalho duro de incorporar aquelas novas regras e processos e eu agora podia depender um pouco mais do meu conhecimento armazenado.

A lição a aprender com isso é a de se manter firme quando a situação ficar mais difícil e parar de perder tempo se comparando aos outros ou comparando sua situação atual às suas conquistas anteriores. Concentre-se apenas no que você pode fazer agora e em como você quer que o seu futuro seja.

Neuroimagens mostram que as mais variadas atividades podem conduzir a mudanças no cérebro, mas que três fatores em particular têm o maior impacto. Pergunte-se quanto de cada um dos fatores a seguir você tem na sua vida no momento e como poderia introduzir mais alguns deles em seu dia a dia.

1. **Novidade:** novas experiências, como viajar, adquirir novas habilidades e conhecer pessoas. Experiências novas podem estimular até o crescimento de novos neurônios. Quando foi a última vez que você tentou algo completamente novo?

2. **Exercício aeróbico:** há evidências de que exercícios aeróbicos aumentam o fluxo de oxigênio no cérebro pelo sangue e facilitam a liberação do fator neurotrófico derivado do cérebro (BDNF), a proteína que permite o crescimento de novos neurônios. Você anda dez mil passos quase diariamente e realiza 150 minutos de exercício aeróbico por semana?

3. **Estímulo emocional:** quanto mais você vivencia uma situação e quanto mais intensa for a emoção associada a ela, mais poderoso é o efeito no cérebro. É por isso que mesmo uma experiência traumática compartilhada pode fortalecer

O PRINCÍPIO

> uma conexão pessoal. Falaremos mais a respeito do impacto de suas respostas emocionais, positivas e negativas, no Capítulo 6. A versão resumida é que as emoções têm um efeito neuroendócrino. Por exemplo, rir junto às pessoas que você ama tem o efeito benéfico da liberar oxitocina, o hormônio de conexões interpessoais associado à confiança nos outros. Por motivos similares, términos de relacionamentos podem ter consequências extremamente negativas e duradouras em sua saúde mental porque níveis elevados de emoções associadas ao remorso e à tristeza estão correlacionados à liberação de cortisol, hormônio estressor que efetivamente estabelece conexões dizendo que amar e confiar em alguém leva à dor e à perda. Você consegue pensar em quaisquer exemplos de emoções fortes, boas ou ruins, que deixaram lembranças intensas em você?

A neuroplasticidade é conduzida pela repetição, para o bem ou para o mal, então é importante lembrar que pensamentos negativos e comportamentos viciosos podem alimentar a própria perpetuação, enraizando mais ainda a ansiedade, a depressão, o pensamento obsessivo e a agressividade. Quando você compreende plenamente esse fato, consegue perceber por que é tão importante usar o poder da neuroplasticidade para atuar em seu favor: para acolher o fundamento da abundância (ver p. 37) e o poder da metacognição (ver p. 22 e 23). É difícil desaprender algo que está gravado no cérebro, e é muito mais fácil sobrepor pensamentos novos e desejáveis a pensamentos indesejáveis. É claro, essas conexões variam em volume e densidade conforme seu uso e desuso. Um exemplo óbvio são os idiomas. Se você deixa de praticar um idioma que fala, esses neurônios começam a atrofiar.

O que você gostaria de sobrescrever em seu cérebro? Que novos hábitos você gostaria de cultivar e que vias novas e mais úteis você poderia criar em seu cérebro para sustentar essas mudanças? Há vícios dos quais você precisa se livrar? Compreender que você pode fazer tudo isso usando o poder da neuroplasticidade de seu cérebro é o primeiro passo em sua jornada com o Princípio.

PARTE 3
O cérebro ágil

Capítulo 5: Agilidade cerebral – como alternar rapidamente entre formas diferentes de pensar

> "Tudo que somos é resultado daquilo que tivermos pensado: está fundamentado em nossos pensamentos, é composto de nossos pensamentos."
>
> GAUTAMA BUDDHA

Somos perfeitamente capazes de obter mais acesso ao potencial de nosso cérebro à medida que o tempo passa. Isso não ocorre porque não nos damos conta do quanto nosso cérebro pode ser brilhante, flexível e ágil. A agilidade cerebral é, num sentido amplo, a marca do seu funcionamento com aproveitamento máximo, sendo aplicada a todos os aspectos de nossa vida: trabalho, família, relacionamentos românticos e bem-estar. Um cérebro ágil pode:

- Concentrar-se de forma intensa e eficiente em uma tarefa por vez.
- Pensar de várias formas diferentes sobre uma única situação ou problema.
- Alternar entre essas diferentes formas de pensar de maneira imperceptível.
- Fundir ideia de vias cognitivas diferentes para elaborar soluções integradas.
- Pensar de forma equilibrada, em vez de ficar atrelado a uma única forma de pensar (sendo estritamente lógico, por exemplo).

Quando usamos a potência total do Princípio, é pouco provável que utilizemos uma forma única e isolada de pensar. Em vez disso, um cérebro ágil é aquele no qual cada um de seus caminhos neurais foi adequadamente desenvolvido. É claro que alguns podem ser mais dominantes do que outros (nossas forças e preferências), mas a agilidade cerebral permite que saibamos quais são nossos pontos fortes, quais são nossas áreas de desenvolvimento e que somos capazes de pensar de forma integrada, utilizando nosso cérebro inteiro e seus recursos, aproveitando suas melhores qualidades e também sendo receptivos a novas perspectivas.

Uma abordagem de cérebro inteiro

Uso um modelo de agilidade cerebral que descreve seis formas de pensar correlacionadas a uma versão simplificada das vias neurais do cérebro:

1. Inteligência emocional: dominar suas emoções.
2. Fisicalidade e interocepção: conhecer a si mesmo por dentro e por fora.
3. Instinto e intuição: confiar em si mesmo.
4. Motivação: manter a resiliência para atingir seus objetivos.
5. Lógica: tomar boas decisões.
6. Criatividade: projetar seu futuro e vida ideal.

Reconhecer os benefícios de cada uma dessas formas e aprender como possibilitar que a potência de cada uma delas atue em conjunto e em equilíbrio com as demais – uma abordagem de cérebro inteiro – garante-nos um controle entusiasmante sobre nosso cérebro. É a antítese de pensamentos do tipo "preto no branco" ou de escassez, e é vital para se desenvolver uma mentalidade abundante e positiva.

Assim como as nossas diversas formas de pensar conduzem a interações e efeitos indiretos que enviesam nossa perspectiva, o mesmo ocorre com interações entre os vários aspectos de nossas vidas. Não é produtivo para nossa potência cerebral – para o Princípio – imaginar que, se temos problemas com nossos filhos em casa ou acabamos de passar pelo término de um relacionamento, essas coisas não afetarão nosso desempenho profissional; ou que, se perdermos nosso emprego, isso não terá efeito em nossas amizades ou nossos relacionamentos familiares. É mais útil entender como isso pode drenar e desviar recursos e o que podemos fazer para amenizar os efeitos decorrentes disso.

Uma analogia útil é a de um fogão a gás com várias bocas, cujas chamas podemos aumentar ou diminuir a depender da situação. A manutenção de cada chama (via cerebral) e a manutenção da fonte de gás para todas as bocas são a essência da agilidade cerebral. Se uma de nossas bocas ficar no máximo por muito tempo, isso vai afetar a quantidade de gás disponível para alimentar as demais, portanto, se esse uso intenso continuar, pode levar ao esgotamento. É uma boa forma de explicar a importância de proteger recursos cerebrais e manter um equilíbrio entre as vias.

Então, como cada uma dessas vias atua no dia a dia? O exemplo abaixo ajudará a explicar o que talvez esteja acontecendo em cada uma de nossas vias neurais. Usaremos um exemplo para decifrar o que ocorre em sua mente durante uma interação com outra pessoa. Imagine que você está andando pela rua e vê uma amiga próxima vindo em sua direção. Leia estes exemplos e, em seguida, lembre-se da última vez em que se encontrou com essa amiga, analisando as seis vias e fazendo anotações para cada uma delas:

- **Emoções:** você talvez reaja com uma pitada de inveja ao notar o anel de noivado refletindo a luz do sol, mas, no geral, sente um grande carinho, e passa a se recordar dos agradáveis momentos que passaram juntas no passado.
- **Fisicalidade:** você sente um calor morno na barriga e dá passos mais animados ao reconhecê-la e seguir em direção a ela.
- **Intuição:** ao cumprimentá-la, você logo sente em seu âmago o peso de tudo pelo que ela está passando no momento e consegue deixar claro que está ali para o que ela precisar.
- **Motivação:** você se esforça para manter essa amizade, que sempre lhe rendeu o apoio necessário em tempos difíceis. Você se sente motivado por significar o mesmo para ela.
- **Lógica:** você se lembra de que ela buscava uma promoção, então faz um lembrete mental de perguntar a respeito disso e oferecer dicas para entrevistas.

- **Criatividade:** você imagina o futuro da amizade entre vocês. Você se imagina como madrinha ou padrinho do casamento e dos filhos dela no futuro. Você entende que está, no momento, construindo os alicerces da futura conexão entre vocês.

Essas reações ocorrem em questão de segundos e sem muito pensamento consciente. Nesse exemplo, você demonstra uma intuição e motivação fortes, além de autopercepção emocional. Há avanços a serem feitos no seu controle sobre as emoções, mas você tem boas reações físicas e lógicas, e apresenta um pouco de criatividade. É normal não haver um resultado equivalente em todas as categorias. A maioria das pessoas tende a ter duas ou três vias às quais recorrem mais comumente e duas ou três às quais podem recorrer sob pressão, mas que não consideram um ponto forte. É provável que também haja uma ou duas vias que não usamos muito, se é que usamos. Nesse exemplo, uma reação mista ao se encontrar uma amiga pode incluir sentimentos intensos (você sente inveja quando vê o anel); isso pode indicar uma dificuldade de controlar emoções negativas. Da mesma forma, a via criativa poderia se esforçar mais, ajudando a transformar algumas das respostas emocionais negativas em percepção e autopercepção mais aguçadas.

Agrupar as vias neurais dessa forma é uma simplificação. Não há uma via única ou um grupo determinado de vias no seu cérebro controlando seu processo de decisão e seu pensamento lógico, por exemplo. Em vez disso, um labirinto dinâmico e interconectado garante que seus diversos fluxos de consciência estejam entrelaçados, conectando-se em diversos momentos, como um circuito elétrico extremamente complexo. Nesse circuito, algumas vias estarão mais bem enraizadas do que outras.

O problema de incorrermos em vias pouco utilizadas, como as de controle emocional ou pensamento criativo, é que isso pode indicar que não temos muita capacidade na respectiva área, que estamos ignorando dados relativos a ela (eliminando essas informações na filtragem) porque não a valorizamos, ou ambos. Se ignoramos dados de uma via – os exemplos mais comuns que ouço são "eu tenho dificuldade com decisões, não sei o que quero de fato", "não sou uma pessoa que pensa criativamente" ou "não sou emocional no trabalho" –, estamos nos comportando como se não tivéssemos essa capacidade. Isso afeta a dominância de nossas outras vias, que vão entrar em ação para compensar, distorcendo o equilíbrio em nosso pensamento. Voltando à nossa analogia do fogão a gás, se duas de nossas bocas estão ligadas no máximo e as demais ficam com pouquíssimo gás para usar, isso quer dizer que o desempenho geral do Princípio não está sendo o melhor.

O neurocientista e psicoterapeuta Daniel Siegel, em seu livro *Mindsight* [Visão da mente], descreve essa situação como o ato de "bloquear" ou "dividir" partes de seu cérebro.[33] Ou seja, trata-se dos mecanismos de defesa que todos empregamos para nos proteger de sentimentos difíceis ou dolorosos. Em vez de encararmos a vulnerabilidade complicada dos sentimentos primitivos que temos, podemos escolher abafá-los, ignorá-los, desconectarmo-nos deles ou projetá--los em outra coisa. Construir um estado de consciência sobre isso pode nos ajudar a reconectarmo-nos a nossas vias menos dominantes e a pensarmos de maneira mais integrada.

Muito do foco do meu trabalho envolve esforços para melhorar a abrangência de pensamento das pessoas. Busco afastá-las da dependência exagerada de uma ou duas forças dominantes e aproximá-las de uma abordagem mais conectada e integrada. A princípio, pode parecer artificial e trabalhoso refletir conscientemente sobre um problema ou situação a partir do ponto de vista de cada uma das seis formas de pensar, mas usar esse modelo é um treinamento para que, com o tempo, façamos isso de forma simultânea e imperceptível. Ter um cérebro ágil e integrado, com fluxo livre de informações a envolvê-lo, é a chave para que utilizemos o potencial completo do Princípio.

Abaixo, há um exercício projetado para examinar sua agilidade cerebral e suas vias. Lembre-se: muitas vezes, achamos que somos "bons" ou "ruins" em alguma coisa devido apenas e tão somente a influências oriundas da nossa infância. Tome cuidado para não se deixar levar por essa desinformação; seja aberto e honesto consigo mesmo em relação às vias do seu cérebro.

Começaremos avaliando cada uma de nossas seis vias, uma por vez, para termos uma noção da agilidade de nosso cérebro e também para verificar onde estão nossos pontos fortes e as áreas que necessitam de desenvolvimento.

Classifique suas vias

1. Escolha duas páginas do seu diário, desenhe um círculo no centro do par de páginas e escreva "O Princípio" dentro dele.
2. Desenhe seis braços saindo do centro e dê a cada um deles o nome das seis vias cerebrais: emoção, fisicalidade, intuição, motivação, lógica, criatividade.
3. Para avaliar onde estão seus pontos fortes e preferências, imagine cem por cento dos seus recursos cerebrais no centro da página dupla. Pense em três exemplos de situações recentes em sua vida pessoal e profissional nas quais você teve que evocar a potência máxima de seu cérebro, como uma reunião importante com seus superiores na empresa, uma crise familiar ou uma decisão de vida importantíssima.
4. Intuição, criatividade e lógica são funções mais internas e pessoais. Emoções, fisicalidade e motivação são externas, uma vez que afetam como você se relaciona com os outros. Com isso em mente, distribua porcentagens para determinar o nível de eficácia de cada uma dessas vias nas situações lembradas. Há vias que mal são ativadas nessas situações? Se houver um padrão consistente, as vias com baixa pontuação são as que você deveria aprimorar, pois talvez esteja dependendo demais das outras.

Essa descoberta vai informar ao seu senso de foco as áreas em que ele deve se fortalecer e o que deve ser praticado de agora em diante. As vias não precisam estar completamente equilibradas, mas você precisa se sentir suficientemente competente em todas elas, além de saber quais são seus principais pontos fortes.

É particularmente importante sentir-se forte em termos de administrar emoções, conhecer a si mesmo (fisicalidade), confiar nos instintos (intuição) e manter-se motivado na criação da vida desejada, em vez de se depender majoritariamente da lógica como guia. Talvez você seja mais intuitivo e criativo do que acreditava ser. Ou talvez esteja há muito tempo ignorando por completo uma das vias, bloqueando o seu retorno e suas funções. Considere o custo envolvido nesses padrões no longo prazo e anote suas considerações.

Fred: multiplicando seu pensamento

Fred trabalhava em um banco e tomava todas as suas decisões importantes (incluindo as pessoais) após examinar uma planilha com os prós e os contras enumerados. Ele era uma pessoa bastante lógica, além de muito motivado financeiramente, e às vezes deixava que sua sede de sucesso e suas metas excessivamente atreladas às finanças se sobrepusessem a aspectos obviamente menos gratificantes de seu trabalho e sua vida. Como resultado, ele tomou algumas decisões que sabia terem sido ruins, como ignorar seus instintos porque um acordo parecia bom no papel ou se deixar levar pela "mentalidade de manada" ocasionada pela atmosfera de empolgação entre seus colegas em relação a um determinado investimento — mentalidade esta que ofuscara sua visão para a possibilidade de nadar contra a corrente e assumir uma posição única.

Ao aplicar em Fred meu modelo de agilidade cerebral, analisando suas vias, identificamos que ele precisava melhorar a confiança em seus instintos e tinha que pensar de forma mais criativa em relação a decisões cruciais. Por algum tempo, ele efetivamente tomou cada decisão de investimento com base nos pontos de vista de todas as seis formas de pensar. Sua motivação intrínseca fez com que ele, uma vez compreendido meu modelo, tornasse-se determinado a fazê-lo funcionar consigo! Levou cerca de três meses para que ele não tivesse mais que fazer o processo metodicamente e começasse a confiar em sua resposta de "cérebro inteiro".

Desbloqueie suas vias

É muito mais fácil encarar um desafio do tipo "ter mais empatia" se ele não for abstrato demais, então precisamos criar fisicamente uma via cerebral por meio da prática de determinados comportamentos e anular o desequilíbrio atual com novos comportamentos. Isso é muito mais eficaz do que estabelecer um objetivo menos palpável, como "ser compreensivo com os sentimentos alheios" ou "expressar melhor meus próprios sentimentos". Muitas vezes, exigências desse tipo acompanham ameaças explícitas ou implícitas, como "você vai perder o emprego a não ser que..." ou "vamos acabar nos separando se você não...". Isso ativa a mentalidade de escassez das pessoas, e é improvável que funcione bem para gerar motivação no longo prazo.

Abaixo, apresento alguns dos motivos clássicos que levam ao bloqueio das vias cerebrais. Compilei-os a partir da minha experiência com pacientes e clientes. Veja se você se identifica com algum deles:

- **Emoções:** você foi criado em uma cultura que preconiza que "homem não chora" ou sua família era muito expressiva emocionalmente, gritando e chorando bastante, por isso, você tem dificuldade de controlar alguns extremos emocionais em sua vida atual.
- **Fisicalidade:** você era baixo demais, alto demais, fraco demais ou obeso demais; na adolescência, sofria com acne ou baixa autoestima. Por isso, você se encolhe, tem uma postura ruim, evita olhar nos olhos ou não é bom em captar sinais do corpo e teme que isso lhe custe uma promoção no trabalho.
- **Intuição:** você foi julgado ou ridicularizado por decisões que tomou na adolescência ou no começo da vida adulta, então agora sente que não consegue confiar em seus instintos.
- **Motivação:** você nunca teve um senso de significado ou propósito muito forte na vida. Você desistiu de procurar uma carreira que lhe agradasse e se conformou com um emprego estável de salário decente.
- **Lógica:** disseram-lhe que você não era inteligente o suficiente para fazer alguma coisa ou ser alguém, então você evitou a universidade e qualquer outra coisa que envolvesse exames ou a necessidade de uma boa memória.
- **Criatividade:** seus professores ou pais lhe disseram que você não era bom em artes ou música e que todas as crianças que seguiam carreiras criativas tinham se destacado artisticamente na escola, então você se ateve a profissões e atividades mais seguras e confiáveis.

Fique mais atento a quais dessas áreas podem estar limitando sua vida. Quais de suas vias talvez estejam bloqueadas ou inacessíveis porque você se prendeu a uma crença antiga e contraproducente que não tem serventia? Na Parte 4, vamos concentrar nossa atenção nisso e oferecer estratégias práticas para sobrepor comportamentos novos e desejáveis a crenças limitadoras, mas não hesite em começar a anotar em seu diário o que você quer da sua vida e o que a está prejudicando; comece também a juntar imagens que se relacionem a seus desejos interiores, pois você pode querer usá-las mais adiante em seu quadro de ações (ver p. 191).

Opostos e o Princípio

Como mencionei, sou influenciada por uma gama de ideias filosóficas e espirituais, e faço uso de todas elas em meu trabalho. Em parte, o modelo de agilidade cerebral se aproveita do conceito chinês de equilíbrio: yin e yang, luz e trevas, masculino e feminino, trabalho e vida. Trata-se da noção de que forças polarizadas são necessárias para a criação e para a existência de vida. Na agilidade cerebral plena, o Princípio apresenta aproveitamento e potencial máximos em todas as frentes. Isso leva a decisões apuradas. Do ponto de vista da neurociência, isso faz completo sentido para mim: envolve, mais do que qualquer outra coisa, um forte equilíbrio entre lógica e emoção.

Oportunidade e o cérebro ágil

Comece a desafiar suas próprias noções do quão "inteira" e integrada é sua forma de pensar. Todos desenvolvemos formas preferenciais de pensar e temos ideias pré-concebidas de quais são nossos pontos fracos. Em vez de evitar aquelas que considera suas fraquezas, você pode começar a pensar nelas como áreas para desenvolvimento e experimentar o uso de diferentes vias em diferentes ocasiões.

Você pode escolher refletir sobre todas as seis formas de pensar, como Fred, ou acessar uma modalidade à qual geralmente não recorre, ativando formas novas e alternativas de pensar. Em suma, quanto mais partes do seu cérebro você acessa, mais poder consegue liberar do Princípio. Nos próximos capítulos, exploraremos as vias uma a uma, examinando a ciência que as sustenta e as estratégias práticas que podemos adotar para obter o seu potencial máximo. Aconselho ao leitor pensar, em cada capítulo, sobre o grau de liberdade que a respectiva via tem de fluir em sua mente. Seu cérebro é capaz de acessar essa via? Há algum bloqueio ou área de dificuldade? O que você poderia fazer para restaurar o equilíbrio e a fluidez?

Para realizar as mudanças desejadas no cérebro, devemos desenvolver novos hábitos. Um período de 21 a 66 dias pode ser necessário para que ocorra uma mudança relativamente pequena e claramente palpável, como beber mais água. Para coisas mais complexas e menos tangíveis, como desenvolver a empatia, a resiliência e a autoconfiança, é melhor fazer uma avaliação mais qualitativa do que recorrer a números. Os novos hábitos estão fazendo uma diferença real na sua vida, melhorando seus relacionamentos ou revigorando sua autoestima?

Depois de explorar por completo cada via e compreender o papel de todas elas no aproveitamento máximo do Princípio, você terá uma noção mais clara das áreas em que precisa se esforçar mais e no que deve se concentrar posteriormente em seu quadro de ações. Esse é o início da estrada para a sensação de completude, com a certeza de que você tem dentro de si as ferramentas para completar a jornada com a qual sonha. Vamos começar!

Capítulo 6: Emoções – seja o mestre de seus sentimentos

"Ao lidar com pessoas, lembremos que não estamos lidando com criaturas do reino da lógica. Estamos lidando com criaturas do reino das emoções."

DALE CARNEGIE

Começamos aqui porque o domínio das emoções é a via mais importante de todas em relação ao progresso que precisamos obter. Isso se dá, em parte, porque se trata da via com a qual as pessoas têm mais dificuldade, portanto, é a que apresenta mais potencial para mudança; mas também porque ela é tão profunda, fundamental e primordial que contém mais do que qualquer outro o "elemento mágico", que exerce efeitos indiretos sobre todo o resto: nossa conexão entre cérebro e corpo, nossa intuição, nossa motivação, nossos relacionamentos e nossa habilidade de tomar as melhores decisões para desenhar nosso futuro.

Também é pertinente lembrar que a vida moderna prejudica nossa habilidade de nos conectar com nossas emoções por várias razões, incluindo expectativas alheias e redes sociais, então, para preparar nossas vidas e carreiras para o futuro, afiar nossa inteligência emocional é o ponto de partida mais importante.

Sem mais cavalos indomáveis

Para manifestar de maneira plena nossa inteligência distintamente humana, precisamos aprender a parar de agir de acordo com os nossos sentimentos e a ter sensibilidade e precisão na hora de ler e reagir às emoções das outras pessoas – no trabalho, na família ou nos relacionamentos. O equilíbrio entre lógica e emoção é importante, assim como tudo que há entre as duas, mas a noção tradicional e simplista de que "a lógica é boa" e "as emoções são ruins" está mudando para uma nova verdade científica de que exercer domínio sobre nossas emoções é a chave para que mudemos nossas vidas.

Nossa compreensão sobre o modo como as emoções atuam mudou nos últimos anos. Ao passo que antes pensávamos nas emoções como "cavalos indomáveis" que puxavam nossas mentes para um lado e para outro (em uma carroça metafórica), agora entendemos que temos muito mais controle sobre elas do que supúnhamos. Neuroimagens exibem a aparência das respostas emocionais, demonstram como elas são ativadas no cérebro e mostram que elas podem ser mediadas conscientemente. Uma notícia melhor ainda: a neurociência moderna mostra que há muitas coisas que podemos fazer para melhorar nosso controle emocional, mudando nossa "paisagem interna" para melhor e usando todo o espectro de emoções disponíveis para melhorar nossas experiências de vida.

A palavra "emoção" vem do latim *emotere*, que significa "energia em movimento". Os sentimentos que se prendem a essa energia são o que lhe dá nuança e característica, agindo como um filtro para as nossas experiências de vida. Mais do que um procedimento passivo, sentir emoções pode ser recontextualizado como um processo ativo e gerador, embora nem sempre cause essa impressão, especialmente quando estamos tomados por uma emoção básica potente, como a raiva ou a empolgação. Essas emoções parecem "vir a nós" de forma involuntária, mas ao atingir o potencial máximo do Princípio ganhamos o poder de ter mais controle sobre nossas emoções – de agirmos como mestres em vez de servos.

Sob certo aspecto, a noção de que nossas emoções "vêm a nós" tem uma parcela de verdade. As emoções emergem na amígdala do sistema límbico, a parte mais primitiva do cérebro. Após serem registradas pela amígdala, nossas respostas emocionais do momento são conectadas por nosso cérebro às nossas memórias existentes (armazenadas no hipocampo). Cabe então ao córtice pré-frontal decidir quais memórias são relevantes e devem ser resgatadas e como interpretar nossas emoções depois que elas foram filtradas pelo reconhecimento de padrões de nossas experiências anteriores. Com base nisso, nosso cérebro usa uma combinação de conhecimento (pensamento lógico) e sabedoria intuitiva e emocional para interpretar e, se necessário, definir um curso de ação e um comportamento em resposta ao ocorrido, além das emoções sentidas.

Às vezes, nossas emoções podem ser ativadas todas ao mesmo tempo e, nesse caso, obter qualquer forma de equilíbrio em nossa resposta pode parecer um desafio impossível. Quando isso acontece, nosso cérebro pode hesitar, conforme emoções intensas o inundam com um coquetel contraditório de substâncias químicas. No caso de ciúme intenso, por exemplo, amor, raiva e repulsa podem ser ativados simultânea e intensamente, competindo entre si. Nesses casos, ações extremas (como um surto de raiva com alguém ou consigo mesmo) podem parecer a única forma de dispersar esses sentimentos poderosos. Tudo que você aprender com a leitura deste livro e com a realização dos exercícios nele presentes lhe permitirá reagir de uma maneira da qual possa se orgulhar.

Oito tipos de emoção

Antes de falar sobre como controlá-las, exploremos a gama de emoções ao nosso dispor e como compreendê-las. Confira, a seguir, uma ilustração do espectro das oito emoções humanas básicas.

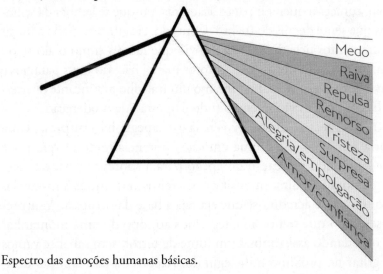

Espectro das emoções humanas básicas.

Como aprendemos anteriormente, todas as emoções estão correlacionadas aos níveis de determinados neurotransmissores. Entre as oito emoções primárias, as cinco emoções de sobrevivência (medo, raiva, repulsa, remorso e tristeza) estão relacionadas à liberação de cortisol, o hormônio do estresse. Elas tendem a atuar principalmente fora do nível consciente e são emoções relacionadas a fuga ou evasão, gerando comportamentos complexos. São esses os sentimentos capazes de gerar receio em situações possivelmente estressantes, como falar em público ou um encontro às cegas. Se ficarem livres para agir, essas emoções podem levar ao catastrofismo, e a pessoa passa a imaginar os desdobramentos mais negativos. Tudo de uma forma inibidora e que causa uma sensação de impotência. Quando elas assumem o comando do mecanismo de luta ou fuga do cérebro, a pessoa cai em suas mãos e poderá ter dificuldade para controlar suas reações e manter-se calma.

O espectro das duas emoções de apego (amor/confiança e alegria/empolgação) é mediado pelos efeitos da oxitocina, da serotonina e da dopamina nos receptores dos neurônios. Essas substâncias ativam o sistema de recompensas no cérebro, e somos condicionados a querer repetir comportamentos que nos deem essas sensações boas, como ficar abraçado a uma pessoa querida ou uma sessão de corrida. Esse mecanismo é útil para transformar comportamentos saudáveis em hábitos (você, por exemplo, começa a querer ir para a academia, porque se lembra da sensação boa que sente depois do treino). Contudo, ele também pode reforçar comportamentos negativos. Parece óbvio que fatores como o álcool ou relacionamentos amorosos com "garotos maus" não são bons para nós e podem se tornar um vício, mas mesmo um trabalho gratificante ou exercícios físicos podem viciar, então tudo é questão de moderação.

Entre os espectros de sobrevivência e de apego, há a surpresa. Uma categoria por si só, ela é uma emoção "potencializadora" que pode mudar seu estado de reação do apego para a sobrevivência, ou vice-versa. A noradrenalina intensifica os efeitos das outras substâncias neuroquímicas, e acredita-se que ela seja a base da surpresa. A surpresa é a sensação que temos ao chegarmos ao topo de uma montanha-russa ou quando assistimos a um filme de terror, sem saber se vamos rir ou gritar no próximo milissegundo. Recorrer a essa emoção decisiva ao desviar de uma reação típica pode nos ajudar a lidar com um problema recorrente de uma forma completamente diferente; algo simples, como seguir o conselho de uma amiga que enxerga problemas de uma forma completamente diferente de você, pode tirá-lo de um estado de sobrevivência e levá-lo a um estado de abundância e autopercepção. Terapia, coaching ou táticas de choque (como uma intervenção) também buscam causar esse efeito, confrontando nossa mente com uma perspectiva diferente da que talvez estejamos apresentando para nós mesmos em relação a uma determinada situação.

Aquilo a que expomos nosso cérebro é o que nele se enraizará. Portanto, para dominar nossas emoções e permanecermos motivados devemos encontrar um equilíbrio saudável entre essas duas coisas. Precisamos de toda a gama de emoções em nossa vida, sem que haja falta ou excesso de qualquer uma delas.

Você e suas emoções

Todos crescemos influenciados por padrões de como devemos nos relacionar uns com os outros, nos expressar, dar e receber amor e lidar com discordâncias. Conforme seguimos pela vida, essas nossas "impressões" tendem a ser projetadas em outras situações e relacionamentos. Vale a pena explorar esse processo inconsciente e poderoso, já que ele pode ter uma influência profunda nos relacionamentos que escolhemos, no modo como enxergamos a nós mesmos e na maneira como pensamos e nos comportamos.

O perfil emocional de sua família afetará fortemente o modo como você administra e expressa suas emoções. Membros de famílias de alta expressividade emocional, nas quais há uma verbalização enérgica – discussões barulhentas, gritos, choros –, podem ter dificuldade de se relacionar com alguém que tenda a internalizar os sentimentos e a se expressar de uma maneira controlada. Elas também podem ter dificuldade de conter esse comportamento diante de discordâncias acaloradas no trabalho.

Um breve questionário

Faça a si mesmo as perguntas a seguir e pare por um momento para refletir sobre as respostas, anotando-as no seu diário se assim desejar.

1. Qual era o estilo emocional da sua família durante sua infância e adolescência? Como vocês lidavam com discordâncias e conversas difíceis?
2. Até que ponto você está em sintonia com suas reações emocionais?
3. Você diria que tem facilidade de controlar suas emoções, desvencilhando-se de sentimentos sobrepujantes como raiva e medo e se mantendo ciente do momento presente?
4. Com que facilidade você se relaciona com uma pessoa que acabou de conhecer?
5. Com que frequência você experimenta sensações de ressonância emocional – um sentimento mútuo de compreensão e conexão – ao falar com alguém?

Comece elaborando uma imagem mental dos seus pontos fortes emocionais e das suas áreas que demandam desenvolvimento. Sua habilidade para controlar emoções muda de acordo com as pessoas? Como suas emoções se alteram sob estresse? Você é capaz de se conter no trabalho, mas se sente prestes a explodir ao chegar em casa? Você fica diferente durante ou após um recesso relaxante?

Emocionalmente inteligente? Ou simplesmente emocional?

Há uma grande diferença entre ser emocionalmente inteligente e ser sensível. Muitas vezes, pessoas que se dizem "sensíveis" até o são em relação às próprias emoções, mas são insensíveis (até mesmo alienadas) quando se trata dos sentimentos alheios. É importante notar que isso nem sempre é uma constante. Pessoas que normalmente têm inteligência emocional às vezes escorregam e cedem a preocupações emocionalmente egoístas, que as deixam alheias ao impacto que exercem sobre as pessoas ao redor (isso tende a ser mais agudo em casos de turbulência na vida pessoal, como um divórcio ou uma crise de meia-idade). Na minha experiência, homens e mulheres estão igualmente propensos a cair nessa armadilha, e é necessário ter humildade e fazer uma reflexão profunda para reconhecer se isso se aplica a você.

Nicola: "não muito chegada em sentimentos"

Uma mulher com quem eu trabalhava – Nicola – dizia não ser "muito chegada em sentimentos" e tinha certeza de que não havia nada que eu pudesse fazer para mudar essa condição. Na casa dos trinta, ela era gerente de um restaurante e tinha a fama de dar broncas impiedosas nos empregados, sem se dar conta do impacto que isso tinha. Ela nunca participava do tradicional chá com bolo em comemoração ao aniversário de funcionários, preferindo ficar em sua mesa trabalhando em vez de circular, conversar com os colegas e saber mais sobre suas vidas pessoais. Por isso, não tinha as boas relações profissionais que poderia ter. Expliquei a ela: "você não pode usar seus pensamentos para sentir, do mesmo modo que não pode usar seus sentimentos para pensar". Nicola pareceu surpresa e um pouco confusa com isso, então, para começarmos, ajudei-a com alguns e-mails que ela precisava escrever para funcionários do restaurante com os quais tinha uma relação difícil. Aconselhei-a a substituir a expressão "eu penso que..." por "eu sinto que..." em metade das frases em que ela ocorria. Nicola teve mais facilidade de fazer isso por escrito do que falando, e isso reforçou seu conforto com o novo vocabulário.

Nicola tinha filhos pequenos e, apesar do emprego exigente, dedicava-se a ter bons relacionamentos com eles e com a babá. Perguntei se ela podia aplicar alguns de seus valores de criação de filhos para ser mais acolhedora com os funcionários do serviço de mesa – não necessariamente os mesmos comportamentos, mas os valores por trás deles. Isso causou nela uma forte reação, mas, ao longo do tempo, ela se tornou cada vez mais capaz de fornecer uma abordagem mais acolhedora à sua equipe.

Depois de apenas algumas semanas praticando ajustes emocionais – coisas como escutar sem interromper, olhar nos olhos, prestar atenção nas pessoas em vez de fazer várias coisas ao mesmo tempo e, por fim, começar a usar "sinto que", "adoraria que" e "gostaria que" em vez de "penso que", "decidi que" e "quero que" –, Nicola afirmou ter mudado radicalmente o seu relacionamento com a equipe.

Com quais aspectos da história acima você se identificou? Uma abordagem similar poderia ajudá-lo em alguma área da sua vida? Você teria como dar um passo para trás e fazer as coisas de forma um pouco diferente em casa ou no trabalho? Há palavras que não representam a sua melhor versão ou palavras novas que você poderia incorporar ao seu vocabulário?

As ferramentas ao nosso dispor

O poder de controlar nossa paisagem emocional definitivamente está em nossas mãos. Nossas emoções são em si ferramentas que podemos usar para formular nossas reações. Em uma conferência anos atrás, ouvi a professora de Psicologia de Harvard Ellen Langer descrever as emoções como algo mais parecido com os ingredientes disponíveis na despensa de um *chef* do que com as forças indomáveis da natureza às quais estamos sujeitos. Podemos escolher agir com base em nossas emoções do mesmo modo como podemos escolher ingredientes em uma despensa. Nosso cérebro está envolvido nesse processo o tempo inteiro, selecionando e combinando os "ingredientes" para formar uma resposta à situação em que nos encontramos: uma pitada de surpresa, uma dose de empolgação, uma colherada de medo.

Geralmente, gosto de dizer que, se há algo que nos incomoda, podemos usar nossos ingredientes para fazer ovos mexidos ou assar um bolo. Nossa resposta está completamente sob nosso controle. É claro, alguns serão mais capazes de reconhecer isso do que outros. Pessoas que se sentem à mercê das próprias emoções são como cozinheiros zumbis, rodando no piloto automático que conduz o seu comportamento sem que percebam.

Uma habilidade forte de controlar emoções é algo em que precisamos trabalhar. Práticas como a da atenção plena ajudam, formando e expandindo a pausa entre nosso pensamento e nossa reação a ele.

O PRINCÍPIO

Repensando o "sequestro da amígdala"

Há um conceito conhecido como "sequestro da amígdala", popularizado por Daniel Goleman em seu livro *Inteligência Emocional*, originalmente publicado em 1996.[34] Goleman descreve um estado no qual a pessoa está tão tomada por emoções fortes – geralmente, medo ou raiva – que é "sequestrada" por elas, tornando-se incapaz de controlar seus pensamentos e as ações deles decorrentes. A ciência avançou nas últimas décadas e hoje sabemos que, embora possa ser difícil controlar as fortes emoções que nos acometem nesse tipo de estado, ainda temos o poder de reconhecer, administrar e melhorar nosso comportamento. Toda vez que contestei essa crença do descontrole no ambiente de trabalho, não houve uma só pessoa incapaz de melhorar seu temperamento posteriormente. É interessante como aquilo em que acreditamos afeta o modo como nos comportamos, mesmo que de forma inconsciente. Ao longo deste livro, você receberá a oportunidade de mudar de rumo radicalmente contestando coisas que você outrora considerava verdadeiras – e que não estão lhe servindo para nada –, de modo a criar um futuro diferente.

Educando-se emocionalmente

Aprender mais sobre as emoções e seu impacto sobre nós pode nos tornar mais emocionalmente letrados, observando e categorizando emoções em nossas mentes conforme elas surgem. Pesquisas que acompanharam pessoas que meditam com frequência mostram que elas têm mais controle e educação emocional e um temperamento mais estável do que pessoas que não meditam.[35] Um estudo da Universidade de Yale descobriu que meditação regular reduzia a "ruminação", uma forma de pensamento correlacionada à felicidade reduzida.[36]

Comece olhando para o espectro (p. 123), identificando as emoções que você acessa regularmente e as que você não sente que têm um papel importante em sua vida. É provável que haja algumas emoções que você tenha bloqueado ou para as quais lhe faltam palavras. Cada uma dessas emoções nos afeta de forma diferente, mas prestar atenção a elas no momento em que se manifestam o ajudará a se desligar delas e a se sentir mais no controle. Sentimentos fortes têm menos chance de dominá-lo quando você mantém uma medida de objetividade. Tente dizer a si mesmo "tristeza" ou "raiva" conforme os sentimentos surgem; pode parecer um gesto pequeno, mas é surpreendente a diferença que isso pode fazer.

Trabalhei com vários clientes que tinham dificuldade de conter o temperamento. Esses homens e mulheres enrubesciam e gritavam até que seus funcionários se debulhassem em lágrimas. Um desses funcionários chegou a chorar copiosamente na frente de todos os seus subordinados. O mais incrível é que meus clientes diziam que, às vezes, eles não percebiam que tinham perdido o controle: só depois do ocorrido, quando familiares e colegas reclamavam da situação, eles se perguntavam o que tinha acontecido. Essa era a minha deixa para desmentir o mito do "sequestro da amígdala" e pedir a eles que concordassem que seu comportamento era completamente inaceitável e não deveria ocorrer de novo. Às vezes, eu me sentia como se estivesse novamente na clínica de psiquiatria infantil!

Todos eles eram capazes de perceber que aquilo tinha que ter um fim, mas continuavam acreditando que teriam dificuldade de impedir o surgimento de um comportamento do qual estavam, na melhor das hipóteses, apenas parcialmente conscientes. Pedi que anotassem a próxima vez que acontecesse e depois refletissem sobre o que poderiam ter feito de forma diferente. Após, na ocasião seguinte, eles deveriam se esforçar para reconhecer a exacerbação emocional na situação, mesmo que não conseguissem interrompê-la no momento. Na vez seguinte a essa, pedi que interrompessem o comportamento assim que percebessem que ele começaria a se manifestar. Por fim, eles tinham que aprender a reconhecer sinais de alerta prévios ao "surto" e se afastar da situação ou praticar o método "PARE".

O método "PARE"

Usava este exercício quando trabalhava como psiquiatra infantil. É uma técnica muitas vezes usada por terapeutas familiares em casos de crianças com acessos de raiva incontroláveis. Eu voltei a usá-lo recentemente com clientes de coaching executivo.

Feche os olhos e permita-se experimentar a mesma sensação de quando você está transbordando de raiva. Lembre-se de algo que o deixa furioso e permita que a sensação preencha seu corpo. Sinta a raiva em sua pele, seu peito, sua boca, seus músculos e sua mente. Quando se sentir cheio do sentimento, imagine-se segurando uma placa de "PARE" enorme e vermelha em sua mente e permitindo que o sentimento se dissipe por completo; relaxe os músculos e deixe que a sensação de raiva saia de você. Pratique esse exercício até sentir que consegue utilizá-lo em situações reais para se acalmar.

Quando você começar a usar exercícios físicos, o método "PARE" ou práticas de atenção plena, como ioga ou meditação, para lidar com emoções explosivas, descobrirá que as reações exacerbadas começam a gradativamente deixar de ser uma opção. Contudo, às vezes, a única coisa a se fazer quando você se sente emocionalmente sobrecarregado é ir para a cama e começar tudo de novo depois que suas emoções se aquietarem!

Um novo paradigma

Somos criaturas emotivas, reconheçamos ou não. Toda e qualquer decisão que tomamos tem um viés emocional. Ao desenvolver nossa inteligência emocional, podemos fazer com que o equilíbrio seja nossa configuração-padrão na maioria das vezes. Inevitavelmente, haverá momentos de estresse que jogarão nossas mentes para uma mentalidade de escassez e para o modo de sobrevivência, mas, quanto mais rápidos ficamos em reconhecer isso e em recuperar o equilíbrio, mais capazes ficamos de evitar armadilhas perigosas.

Com a intuição, seremos capazes de notar as formas com que essas armadilhas se manifestam diante de nós. Podemos nos sentir desgastados pelos vários anos de altos e baixos emocionais sobrepujantes que, olhando para trás, poderíamos ter evitado. Ou talvez façamos o oposto, suprimindo emoções e pensando demais sobre tudo, e depois sentir que perdemos algo devido à nossa recusa em confiar em nossos instintos ou nosso coração. Qualquer sensação de fracasso por não tomar uma boa decisão que você "deveria" ter tomado é indicativa de que é hora de abraçar a seguinte verdade: ser o mestre de suas emoções é a única maneira de liberar o Princípio por completo. Não adianta tentar encontrar uma escapatória intelectual de suas emoções, mas o ponto de vista oposto (considerar-se uma vítima de "intempéries" emocionais) é igualmente inútil. Emoções fazem de nós o que somos e governam todas as nossas experiências de mundo e de vida.

Você consegue pensar em um caso no qual você internalizou certas emoções? Em algum no qual lidou com uma situação pessoal delicada com muita compaixão? Melhorar as suas condições emocionais com autocuidado, atenção plena e os exercícios práticos da Parte 4 nos ajudará a viver a partir de uma perspectiva mais abundante, de modo a recuperarmos o poder sobre nossas emoções em vez de deixar que elas nos comandem ou de temê-las e internalizá-las.

A seguir, exploraremos o relacionamento entre nossa mente e o nosso corpo e aprenderemos como fortalecê-lo, sintetizando de modo mais adequado tanto o nosso estado físico como o emocional.

Capítulo 7: Fisicalidade – conheça a si mesmo

"Seu corpo escuta tudo que sua mente diz."

NAOMI JUDD

De modo geral, estabelecer uma conexão entre mente e corpo é o que sustenta todos os aspectos de nosso autocuidado: um corpo que se sente bem nos diz que estamos cuidando bem dele; um corpo que não tem essa sensação claramente precisa de mais atenção e apoio. A autoimagem corporal e a sensação de "estar bem na própria pele" também estão ligadas a isso. Nossos corpos contêm as histórias de nossos hábitos de saúde: o tríceps com o qual damos braçadas na piscina, o inclinar de queixo que fazemos quando nos sentimos confiantes e relaxados, os ombros que tensionam ao fim de uma semana em nossas mesas de escritório e relaxam após nossa aula de ioga. Todas as partes do corpo têm uma história a contar. Examine seu corpo com a varredura corporal abaixo e pergunte-se que história ele conta.

Varredura corporal

Faça isso uma vez por semana. Anote come você se sente após cada sessão. O que você reparou? Como se sentiu?

- Sente-se de maneira confortável e com a coluna ereta em uma cadeira, repousando suas mãos no colo e mantendo os pés no chão. De preferência, tire os calçados para sentir o chão sob as solas dos pés. Certifique-se de que não está cruzando as pernas ou os braços. Feche os olhos e relaxe.
- **Traga sua atenção para seu corpo.** Sinta se ele está relaxado ou tenso, rodeado por espaço livre ou confinado entre paredes, pessoas ou roupas. Ainda sentado, preste atenção

no peso do seu corpo, na sensação do corpo apoiado na cadeira ou no chão. Note a sensação de peso onde suas pernas e seu quadril entram em contato com a superfície na qual você repousa.

- **Respire profundamente algumas vezes,** inalando lentamente pelo nariz contando até quatro e exalando ainda mais devagar. Ao inalar, concentre-se no oxigênio dando vida a seu corpo; ao exalar, sinta-se relaxando de forma mais plena.
- **Transfira sua atenção para os pés no chão** e concentre-se nas sensações dos pés tocando o piso: o peso e a pressão, a temperatura e qualquer possível vibração. Estenda os dedos do pé. Suba pelo corpo, levando a atenção novamente para as pernas repousadas sobre a cadeira. Note qualquer pressão, pulsação e sensação de peso ou leveza.
- **Preste atenção nas suas costas apoiadas na cadeira,** subindo da base de sua coluna até sua região central.
- **Agora, traga a atenção para a área do seu abdômen.** Se estiver tensa ou encolhida, permita que ela relaxe. Respire.
- **Preste atenção às suas mãos.** Elas estão tensas ou fechadas? Permita que elas relaxem e veja se consegue isolar sua concentração para sentir cada um dos dedos por vez.
- **Preste atenção aos seus braços.** Busque qualquer sensação neles. Deixe que seus ombros relaxem sem fazer força para que eles baixem.
- **Leve sua atenção para a região superior, para o pescoço e a garganta.** Incline seu queixo de leve para esticar a coluna. Relaxe. Solte a mandíbula. Se sua língua estiver presa ao céu da boca, relaxe-a. Deixe seu rosto, músculos faciais e até seus globos oculares ficarem soltos e relaxados.
- **Volte a atenção para o topo do crânio.** Permita que ela permanece lá, e sinta a longa linha do topo da sua cabeça até o fim da sua coluna, expandindo sua atenção em seguida para contemplar o seu corpo inteiro. Sinta-o como uma entidade unificada e conectada que respira.
- **Respire profundamente,** contando até três, e em seguida abra os olhos.

Anote como se sente. Onde estão as áreas de tensão? Houve um lado do seu corpo que ficou mais relaxado que o outro? Você conseguiu relaxar quando tentou conscientemente fazê-lo?

Interocepção

Estamos todos familiarizados com os sentidos primários que mediam nossa experiência de mundo: visão, audição, tato, olfato e paladar. A "interocepção" é diferente: trata-se do sentido menos conhecido que nos ajuda a sentir e entender o que ocorre dentro do nosso corpo. Ela nos ajuda a fazer uma "leitura" do próprio corpo e a processar seus sinais, desde fome, sede e temperatura corporal até nossa frequência cardíaca e estado digestivo.

Crianças que têm uma relação conflituosa com o sentido interoceptivo podem ter dificuldade em saber quando estão com fome, sede, calor ou frio. Pare por um momento para pensar como você sabe que está satisfeito ao terminar uma refeição ou como sabe que precisa ir ao banheiro. A maioria das pessoas consegue interpretar esses sinais com precisão, mas o tempo inteiro estão em ação indícios mais sutis dessas sensações que tendem a passar despercebidos. Saber a hora de fazer uma pausa no trabalho por sentir que sua energia está começando a diminuir ou o momento de sair do cômodo durante uma discussão para evitar gritar com seu parceiro e dizer algo de que você provavelmente se arrependerá são dois exemplos que podemos extrair do cotidiano.

A experiência de vida afeta a interocepção. Sua capacidade de decifrar corretamente pistas físicas, como perda de libido ou de apetite, é influenciada pela forma como você aprendeu a notar ou ignorar diferentes tipos de sensação.[37] A atitude de sua família em relação a saúde, emoções e bem-estar será um fator relevante. Notei que pessoas cujos pais seguiam uma abordagem do tipo "segure o choro" – dizendo aos filhos que "parassem de enrolar", desdenhando de suas preocupações afirmando que "não há nada de errado com você" e dizendo "não seja bobo" quando a criança tem uma reação emocional – têm dificuldade de interpretar os próprios sinais corporais e qualquer coisa que indique um estado de vulnerabilidade (física ou mental). Desbloquear a conexão entre nosso corpo e mente pode ser um desafio se você tiver se condicionado a cancelar os sinais do seu corpo para priorizar outras coisas.

Não conseguir identificar nem reagir às pistas deixadas por nossos corpos é um exemplo de como nos desligamos de seu estado interno. Nosso cérebro está envolvido em um processo constante de integrar os sinais passados por nosso corpo a sub-regiões neurais específicas – como o tronco cerebral, o tálamo, a ínsula e os córtices cingulado anterior e somatossensorial –, de modo a garantir que haja um *feedback* detalhado sobre o estado fisiológico do corpo, de um simples "estou com calor" aos mais difusos e complexos "sinto-me bem" ou "estou tenso". Esse processo é importante para a manutenção das condições normais do corpo, como sua temperatura e a pressão arterial, além de potencialmente ajudar na autopercepção, uma vez que, quanto melhores somos em sintonizar esses sinais, mais forte se torna a conexão entre cérebro e corpo.

Sinais interoceptivos são transmitidos ao cérebro por meio de várias vias neurais relacionadas a nosso coração, sangue, pulmões e pele (além de outros sistemas fisiológicos, como o gastrointestinal, o urogenital, o endócrino e o imunológico). Quando você já estiver bem sintonizado, sua interocepção imunológica será capaz de alertá-lo de que você está prestes a passar mal porque contraiu um resfriado – às vezes, dias antes de os sintomas óbvios se manifestarem. Sabe aquela sensação quase imperceptível que experimentamos poucos dias antes de ficarmos doentes, quando sabemos o que está por vir, embora ainda não haja sintomas claros? Antes, pensávamos nisso como pura intuição, mas hoje entendemos que se trata da interocepção em ação. Nossos corpos disparam uma gama de microssinais que nos dizem que nosso corpo está passando por dificuldades, sejam esses sinais um pulso ligeiramente elevado, uma sensação de cabeça anuviada ou um formigamento na garganta. Nosso cérebro registra tudo isso e avisa que há algo acontecendo, e podemos registrar a mensagem se formos capazes de prestar atenção. Cabe-nos, então, fazer uma refeição adequadamente suplementada, beber muito líquido e dormir cedo; ou ignorar tudo isso e ver o que acontece.

O PRINCÍPIO

Muitos de nós já pegamos alguma "doença das férias", que pode ser um resfriado forte ou uma virose, logo no primeiro dia do nosso tão desejado recesso. Trata-se de um forte sinal de que ou as estamos ignorando ou não somos capazes de interpretar as mensagens do nosso corpo para nosso cérebro, o que faz com que nosso sistema imunológico fique por conta própria quando nossa guarda baixa. Isso também pode ocorrer no sentido inverso, com o estresse e a ansiedade causando dores psicossomáticas sem que haja uma patologia física por trás delas. Para reconhecer se esse é o caso, às vezes acho útil ter uma conversa comigo mesma, e me pergunto: "Estou mal ou com dor por algum motivo ou isso pode ser estresse?".

A interocepção usa vias físicas no cérebro e no corpo da mesma maneira que nossos cinco sentidos usam nervos que conectam olhos, orelhas, língua e tudo o mais às partes do cérebro que processam a visão, a audição, o paladar e assim por diante. Embora seja um sentido mais complexo e misterioso, que ainda exige mais pesquisas em laboratório, podemos começar a explorá-la para melhorar nossa conexão entre cérebro e corpo, nosso bem-estar e o potencial do Princípio.[38] É por isso que aprender a realizar um exercício de varredura corporal é crucial para o nosso desenvolvimento pessoal.

A transformação de Andy

Andy era um homem de 36 anos que trabalhava no setor de mídia e tinha desenvolvido asma depois de uma pneumonia, já na idade adulta. Sua aparência pálida era típica de alguém doente, e ele me disse que às vezes não conseguia ir de um lado do prédio para o outro sem perder o fôlego. Ele trabalhava por muitas horas seguidas e ainda passava três horas por dia em trânsito, já que sua família vivia no campo, na casa dos sonhos que ele havia conseguido comprar com os lucros obtidos com suas ações na empresa. Ele estava preso àquele ambiente de trabalho havia três anos, numa situação que ele chamava de "algemas de ouro". Quando perguntei o que o faria parar e reavaliar sua situação ele disse: "outra visita ao hospital". E começou a chorar.

Toda vez que eu falava com Andy sobre seu antigo hobby – ciclismo de estrada competitivo –, seu rosto se iluminava. Agora, com as longas horas de trabalho e o trajeto demorado de trem, não havia como alocar tempo para a atividade, e os fins de semana eram o tempo sagrado que ele tinha para passar com a família. Ele não queria despender horas treinando, longe dos filhos. Sugeri a Andy que pelo menos aproveitasse o dinheiro do trabalho para alugar um apartamento modesto perto do escritório, no qual ele pudesse morar ao longo da semana. Mas ele respondeu imediatamente que não poderia ficar longe de sua esposa e filhos a semana inteira.

Cerca de seis semanas depois, eu o encontrei novamente e ele estava transformado! Sua pele tinha perdido a palidez, seu andar era quase saltitante e ele transmitia um ar de serenidade. Quando lhe perguntei o que havia mudado, ele disse que tinha ido para casa naquela noite e mencionado minha sugestão para a esposa, que na mesma hora insistiu que ele alugasse um apartamento em Londres, garantindo que faria as coisas correrem bem em casa. Então, ele passou a usar o tempo a mais em Londres para adiantar tudo o que pudesse no trabalho, de modo a encerrar mais cedo o expediente toda sexta-feira. Também começou a andar de bicicleta toda manhã antes de ir para o escritório. Além disso, havia voltado a praticar meditação. Ele havia morado na Índia quando tinha dezoito anos e conhecia mais formas de meditação do que eu! Andy tinha realinhado seu corpo e mente e encontrado uma maneira de viver de acordo com o que importava para ele, em vez de se ater a escolhas antigas sobre como achava que devia ser a sua vida. Ao finalmente escutar o seu corpo, ele recuperou sua paixão e sua saúde.

Aprendendo a interpretar seu corpo

Então, como podemos melhorar nossa interocepção? É algo em que podemos nos esforçar ou é algo nato? A interocepção é muitas vezes um conceito difícil de entender, a não ser que você faça ioga ou pratique esportes que demandem *feedback* biológico do corpo. Quanto mais centrado e presente você for em relação a seu corpo, mais forte seu sentido interoceptivo deverá ser, mas definitivamente é algo que se pode desenvolver.

É fácil andar pela rua e não notar muitos dos detalhes à nossa volta. Mesmo uma área pela qual caminhamos durante muitos anos pode ser difícil de reproduzir em nossa imaginação se não tivermos prestado atenção especial a ela. Com a interocepção, ocorre a mesma coisa. Em vez de ignorar o tique na pálpebra, as pernas cansadas ou o frio na barriga, passe a se perguntar o que essas coisas podem significar. Algumas terão uma explicação científica – espasmos musculares ou enxaquecas, por exemplo, podem estar ligados a baixos níveis de magnésio –, mas outras terão um significado único para nós e devemos decifrá-las por nossa conta. Eu tenho uma amiga que desde sempre diz: "Quando fico com afta, sei que forcei demais meu corpo e que ele não está recebendo nutrientes em quantidade suficiente para continuar saudável". Então, percebi que em mim ocorria o mesmo. Um primo me disse que seu estresse sempre se manifestava mediante uma sensação de toxinas acumuladas em seus ombros, como se neles tivessem sido formados nós. Também reconheço esse sintoma!

Passei a interpretar meu corpo de forma mais eficiente ao fazer um esforço consciente para isso. Hoje, consigo decifrar boa parte dos sinais escondidos do meu corpo. Percebo, com dias de antecedência, que ficarei doente – dou-me conta de que algo está inequivocadamente fora de equilíbrio em meu corpo. Se isso se manifestar por uma leve sensação de arranhão na garganta ou uma dor de ouvido distante, tomo bebidas quentes com mel de manuka, limão siciliano e gengibre, vou para a cama cedo e pratico um pouco de ioga restaurativa, que equilibra meu sistema neuroendócrino e ajuda a recompor as glândulas adrenais, que drenam nosso sistema imunológico quando estamos exaustos. Como resultado, muitas vezes consigo evitar o que, de outro modo, teria sido inevitável.

Creio que cada um de nós tem a capacidade nata de conhecer o próprio corpo e estabelecer uma conexão entre ele e o cérebro de modo a tomar decisões melhores. Por exemplo, se seus lábios formigam quando você come frutos do mar ou se você fica com uma sensação de inchaço ao comer pizza, é provável que tenha sensibilidade a crustáceos ou intolerância a trigo ou glúten. Que sinais em seu corpo poderiam indicar estresse, doença ou mal-estar para você? Armado desse conhecimento, você saberá implementar estratégias de autocuidado com mais rapidez e eficácia, e estará menos propenso a se forçar a continuar quando seu corpo o está mandando parar.

Todos podemos ser sobrepujados por problemas psicológicos, e é importante entender o que eles são e como podem ser administrados. Mas, às vezes, se você buscar dentro de si, poderá detectar como raízes desses problemas uma razão física ou um desequilíbrio hormonal que podem ser corrigidos. Comer alguma porcaria quando há pouco açúcar em seu sangue (o que prejudica seu senso de decisão) ou uma deficiência de vitaminas estão entre essas razões físicas, e prevenir-se delas pode também evitar um problema de saúde possivelmente mais sério.

Yasmin: fora do tempo

Uma assistente de loja, Yasmin, descobriu uma pinta cancerígena na qual jamais teria reparado se não tivesse visto um programa de TV sobre autoexames e se lembrado do meu conselho de prestar mais atenção ao que seu corpo tinha a dizer.

Embora ela tenha tido sorte, esse susto alavancou sua necessidade de entender a conexão entre seu cérebro e seu corpo. Desde então, Yasmin obteve muitos benefícios para sua saúde. Perdeu peso, tornou-se mais calma e passou a tentar coisas novas. Tudo isso depois de mudar seus hábitos alimentares, aumentar a sua frequência de exercícios e adotar um estilo de vida mais atencioso. A experiência revolucionou sua atitude em relação ao autocuidado e à atenção dada ao próprio corpo.

Mas você não deve esperar até correr risco de morte. Comprometa-se a sintonizar seu corpo agora, em vez de deixar para o futuro. O exercício de varredura corporal da página 133 é um bom ponto de partida. Um relatório diário incluindo alimentação, estado do humor e movimentos intestinais é outra opção: por uma semana, anote para cada dia o que você comeu, como estava o seu humor (em uma escala de um a cinco) e quantas vezes você foi ao banheiro evacuar. Esse comprometimento simples pode levar a algumas descobertas inesperadas sobre como seu corpo funciona, o que ele estimula e o que ele desacelera.

Uma janela para seu estado emocional

Embora a interocepção esteja principalmente relacionada à consciência física – falar a esse respeito me faz lembrar de pacientes antigos que deliberadamente ignoravam dores constantes no peito e mantinham seus estilos de vida estressantes e insalubres –, ela também tem a ver com um aumento generalizado da autopercepção emocional. Afinal, sintomas físicos são muitas vezes os melhores (e os primeiros) sinais de nosso estado psicológico, geralmente aparecendo antes que o pensamento intelectual ou a lógica tenham tido a chance de interpretá-los e de intervir na situação.

Pessoas com dificuldade de captar os próprios sentimentos provavelmente terão problemas em todos os tipos de relacionamento, sejam eles pessoais ou profissionais. A forma como isso se manifesta pode variar de ignorar uma dor de cabeça a não perceber que afastou um colega ou chateou o parceiro. Essas pessoas defendem-se forte e inadequadamente de suas próprias dores ou sensações de tristeza, e também apresentam reações inapropriadas às emoções dos outros, mesmo as de pessoas próximas: apelam à negação, ao comportamento passivo-agressivo, a piadas mórbidas ou a vícios escapistas. Estudos mostram que nossa tolerância à dor física está diretamente relacionada à nossa capacidade de suportar emoções estressantes – os limiares de dor estão conectados –, e isso pode se aplicar a vários campos da vida.[39] Você já pensou, por exemplo, sobre como reage quando sofre uma pancada ou um arranhão, ou como se sente em relação à acupuntura? E há alguma relação entre isso e sua reatividade ou seu estoicismo diante de situações estressantes ou decepcionantes?

Em algum momento, você pode ter considerado desafiador afirmar-se, saber o que sente, pensa ou deseja, e que é quase impossível verbalizar essas coisas. As pessoas muitas vezes dizem que não são ouvidas ou se dedicam a evitar conflitos ou conversas difíceis, sem se dar conta de que "conflitos saudáveis" podem na verdade resolver uma série de problemas que, de outro modo, se desenvolveriam e ficariam maiores do que precisavam ficar. Há alguma situação na sua vida que exige que você levante a voz ou algum desentendimento que precisa resolver? Pergunte a si mesmo qual seria o resultado possível dessas situações, assim como o resultado caso você não faça nada a respeito.

Seguindo adiante

Há um consenso científico cada vez maior de que uma conexão eficaz entre cérebro e corpo é essencial para a função executiva do cérebro. Isso faz todo o sentido, já que a interocepção utiliza uma percepção combinada de todos os demais sentidos para criar um retrato integrado de como você se sente a cada momento. Há indícios que relacionam a alta percepção interoceptiva ao bem-estar mental e físico. Os autores de um estudo de 2017 concluíram que havia muitas

O PRINCÍPIO

similaridades entre o bem-estar de pessoas naturalmente propensas a uma perspectiva de atenção plena e o de pessoas com alta interocepção.[40] Esse fator cada vez mais emerge como aquele que sustenta a autoconsciência, a resiliência física e as reservas de energia.

Em meu modelo de agilidade cerebral, todas as vias dependem de uma boa reserva de energia. A energia é essencial para que possamos conservar nossa habilidade de manter o estado de consciência, controlar nossas emoções, preservar a motivação mesmo quando estamos cansados e distraídos, confiar em nossa intuição quando não sabemos em quem confiar, utilizar pensamentos não convencionais em nossa vida quando estamos presos a uma rotina e, por fim, para que possamos decidir nossas metas de vida e nos ater a elas quando as coisas ficam difíceis. Tudo isso começa com o corpo. Em um dia bom, com a energia de nossa mente e do nosso corpo em sintonia, podemos conseguir o que parece impossível em um dia no qual não dormimos bem ou não tivemos tempo de comer direito.

Você consegue pensar em alguma ocasião em que ignorou seu estado físico de forma prejudicial? Qual foi a última vez em que você parou para de fato cuidar de si mesmo, por dentro e por fora? Com que frequência você faz isso?

A seguir, aliaremos as emoções e a fisicalidade para utilizar nossa intuição: a sabedoria que reside em nosso cérebro primordial e em nossos neurônios instintivos.

Capítulo 8: Intuição – confie em suas vísceras

"Há uma voz que não usa palavras. Ouça-a."

RUMI

Até que ponto você confia em sua intuição? Você presta atenção a ela ou segue adiante mesmo assim, ignorando as suspeitas levantadas por ela? Você acredita no valor de "sensações viscerais"? As pessoas geralmente se mostram céticas quando eu sugiro a importância da intuição em um contexto profissional porque parece "ilógico", mas é a chave para uma série de fatores, de boas decisões a uma autopercepção aprimorada. Discutiremos aqui tanto a importância de treinar sua intuição para trazer melhorias à sua vida quanto a forma como a saúde na flora de suas vísceras contribui para o pensamento positivo.

A conexão entre cérebro e vísceras

Há pouco tempo, almocei com um ex-cliente. Não o via há anos e, durante esse intervalo de tempo, conheci meu novo marido e casei-me com ele. "O que aconteceu com você?", ele perguntou. "Você recuperou o brilho!" Quando perguntei o que ele queria dizer com isso, ele contou que havia ficado com a impressão de que eu não estava muito bem, na época em que tinha sido meu cliente, seis anos antes. "Você parecia estar funcionando com 60% da capacidade, mas agora está ligada no máximo."

Na época, nunca havíamos discutido minha vida pessoal, então essa sua sensação era apenas um palpite. Contei a ele que sua intuição estava correta: as coisas estavam complicadas pra mim no campo pessoal na época em que trabalhara com ele. Embora não achasse que nada em minha aparência externa sinalizasse isso, minha energia claramente o fazia.

Temos essas "sensações viscerais" o tempo inteiro. Nossa intuição nos ajuda a "captar" a verdade nas coisas, notando energias das quais nossa mente consciente não tem ciência. Em inglês, há inclusive uma tendência de se falar nas vísceras ("gut") como um "segundo cérebro", mas acho que isso é enganoso e contraproducente. As vísceras (ou entranhas) não são um segundo cérebro; elas abrigam o sistema nervoso entérico, que é uma das várias divisões do sistema nervoso autônomo presente no corpo e atua de forma inconsciente (da mesma maneira que você respira e seu coração bate sem nenhuma intervenção de seu cérebro consciente).

As vísceras são um sistema distinto, mas conectado, que se liga ao cérebro de várias maneiras, incluindo nossa voz interior a respeito de nossos relacionamentos mais próximos.

A ciência moderna de confiar na intuição visceral

A conexão entre o sistema digestório – nossas vísceras – e o cérebro foi objeto de estudo desde o século XIX e causa bastante discussão. Pesquisas neurobiológicas revelaram um sistema de comunicação complexo entre os milhões de neurônios atrelados a nossas entranhas e o sistema límbico, que é crucial em nosso processo de tomar decisões.[41] Tecnologias de imagiologia médica mostram essas vias com clareza. Como sabemos, o sistema límbico é responsável pela expressão de emoções. Nele estão armazenados nossos hábitos e padrões, de forma que o sistema entre vísceras e cérebro não apenas ajuda a comandar o bom funcionamento de nosso sistema digestório como também o faz para funções cerebrais complexas, incluindo o senso de motivação e o acesso à nossa sabedoria profunda.

A essa conexão emocional junta-se a saúde física do sistema digestório. Fatores de autocuidado – de alimentação saudável ao consumo de suplementos ou administração do estresse – que afetam o bem-estar do sistema também afetam nossa intuição. Por exemplo, há evidências de que algo tão simples como tomar um probiótico de qualidade por um mês para reequilibrar a flora intestinal reduz o pensamento negativo. Um estudo holandês detectou que o consumo de suplementos probióticos levou a uma redução na "reatividade cogni-

O PRINCÍPIO

tiva" ao desânimo.[42] Eu consumo probióticos sempre que viajo, visto que o microbioma gastrointestinal também é afetado pelo *jet lag*. É algo fácil de se fazer, e saber que sua ingestão também traz um benefício geral à mentalidade de abundância é um motivo extra para se considerá-la. Assim como nosso raciocínio torna-se mais lento e trabalhoso quando estamos resfriados ou sentindo dor, um sistema digestório esgotado, inflamado ou sofrendo dificuldades vai ofuscar a intuição. Você já pensou sobre isso e estabeleceu essa conexão por si mesmo? Você cuida da saúde do seu sistema digestório de forma proativa? Caso não o faça, há vantagens imediatas em começar a fazer. Reduzir o consumo de carne vermelha e de alimentos processados ou ricos em açúcar ajudará a reduzir a inflamação dos órgãos digestórios. Descobrir se você tem intolerância a glúten ou lactose, comer alimentos probióticos como *kefir*, chucrute ou *kimchi* e tomar suplementos probióticos são providências que também ajudam.

Tome um probiótico de qualidade todos os dias durante o próximo mês. Probióticos de boas marcas contêm mais de cinquenta milhões de espécies de bactérias boas (os probióticos à base de água ou em cápsulas são bem melhores do que os iogurtes probióticos, pois chegam ao intestino delgado sem terem sido decompostos por ácidos estomacais). Note quaisquer efeitos exercidos pelo consumo de probióticos sobre a qualidade de seu desempenho mental.

Algo agora que já é uma certeza científica: a conexão entre os órgãos digestórios e o cérebro está longe de ser um "sexto sentido" místico. Informo meus clientes mais céticos sobre a pesquisa mencionada anteriormente quando eles tentam desdenhar da intuição. Depois que ouvem o argumento científico, eles entendem que com certeza vale a pena fazer o que puderem para melhorar a conexão entre o seu cérebro e as suas entranhas, de modo a escutar melhor a sua voz interior. É comum que essas pessoas tenham problemas digestivos devido ao excesso de viagens, à má alimentação, à falta de exercícios e à desidratação. Elas não cuidam bem de si mesmas e ainda assim esperam funcionar, tanto mental como fisicamente, como uma máquina bem lubrificada. Um dos meus primeiros desafios quando comecei a trabalhar com clientes com esse perfil foi convencê-los de que estavam fazendo um desserviço a si mesmos, e que essa negligência teria consequências neurobiológicas profundas.

Também há um crescente número de pesquisas que relacionam o microbioma gastrointestinal ao nosso sistema imunológico, observando que a qualidade das células imunitárias produzidas na medula óssea está relacionado à qualidade e à variedade de bactérias no sistema digestório.[43] Ainda não sabemos o suficiente sobre isso, mas é uma área de pesquisa promissora que pode ser decisiva na compreensão da interconectividade entre nosso sistema imunológico, nossa resiliência e nosso desempenho cerebral com aproveitamento máximo.

Vísceras e humor

Há outros fatos importantes, referentes à relação entre cérebro e sistema digestório, que você deve levar em conta: seu sistema digestório produz neurotransmissores. Noventa por cento da serotonina, que atua majoritariamente no cérebro, é produzido no sistema digestório. A serotonina atua de diversas formas: no cérebro, é um hormônio "alegre", que ajuda a regular o humor; no sistema digestório, é uma molécula parácrina, o que significa que ela induz mudanças em células vizinhas. Foi comprovado que essa atividade afeta o aumento de peso ao ajudar a controlar a produção de insulina. Fatores de autocuidado, como se exercitar adequadamente ou ter uma dieta balanceada, estão associados a uma produção saudável de serotonina no sistema digestório (e aos benefícios indiretos disso no humor).

O autocuidado também é crucial para manter sintomas do estresse sob controle, e pesquisas mostram que o cérebro comunica constantemente os níveis de estresse ao sistema digestório.[44] O cérebro avisa o sistema quando está estressado por meio de fibras nervosas dos sistemas simpáticos. O sistema digestório responde à mensagem utilizando menos energia para digerir, diminuindo o fornecimento de sangue. Quando o estresse é constante, portanto, drenam-se os recursos do sistema digestório, o que leva a uma série de sintomas, de mudanças no apetite a inchaço, diarreia, constipação ou algo pior. Ao longo do tempo, as paredes gastrointestinais podem enfraquecer, fazendo com que as células imunitárias enviem grandes quantidades de substâncias sinalizadoras que baixam o limiar de estresse em nosso corpo e cérebro. Emoções negativas crônicas são perpetuadas dessa maneira, e um sistema digestório em mau estado pode significar que sentimos os efeitos do estresse muito depois de a causa desse estresse ter ido embora.

Harmonizar-se com suas entranhas e reconhecer os sintomas que as afetam pode ajudá-lo a monitorar seus níveis de estresse, a manter seu sistema imunológico no melhor estado possível e a cultivar sua intuição. Esse reconhecimento pode significar qualquer coisa, desde a necessidade de descansar e se recuperar depois de um projeto atribulado no trabalho ou após uma noitada com os amigos, até algo mais sério, como uma lesão cerebral importante que pode facilmente ser confundida com um mero distúrbio psicológico se você não estiver atento.

Jacqueline: uma lição que nunca esquecerei

Como médica, eu estava sempre muito atenta ao perigo de interpretar sintomas aparentemente psicológicos sem levar o corpo físico em consideração. Certa vez, quando atuava como psiquiatra em Bermuda, tive uma consulta com uma nova paciente, uma moça jovem chamada Jacqueline, que viera ao consultório com sua amiga, estagiária de psicologia. Jacqueline havia passado por uma mudança de personalidade radical nas semanas anteriores, tendo apresentado emoções extremas e comportamentos atípicos. Tornou-se chorona e mandona, embora sempre tenha sido tímida e introvertida. O que era surpreendente era a convicção da amiga de que ela tinha que ser internada no hospital psiquiátrico naquele mesmo dia. Já haviam tentado interná-la, sem sucesso, e era hora de dizer "chega" — seus amigos e parentes não conseguiam mais lidar com a situação. Mas algo me parecia errado e expliquei que não poderia interná-la na ala psiquiátrica. Elas teriam de voltar ao departamento de pronto-socorro. As duas foram embora bastante frustradas.

Horas depois, recebi um telefonema do pronto-socorro — algo raro, pois é um departamento de pessoas ocupadas que normalmente não têm tempo para conversas rotineiras. Imaginei que provavelmente tentariam me persuadir a internar Jacqueline em minha ala. Mas esse não era o caso. Descobriu-se que ela havia sofrido uma pequena lesão na cabeça três semanas antes e uma poça de sangue havia se acumulado dentro de seu crânio. Esse depósito de sangue agora havia começado a pressionar seu cérebro (um hematoma subdural), causando a mudança de personalidade. O médico do pronto-socorro me disse que, se eu a tivesse internado na ala psiquiátrica e o hospital não tivesse tido a chance de fazer imagens do seu cérebro, Jacqueline teria morrido sob meus cuidados. Eu nunca, jamais, esquecerei aquele telefonema.

Você consegue se lembrar de uma situação em que sua intuição o alertou sobre algo, mas você a ignorou? Qual foi a última vez em que você teve um palpite forte e o seguiu? Proporcionalmente, com que frequência você confia em seu próprio juízo em comparação a quando você pede o conselho de outros ou fica confuso e indeciso?

Você pode escutar seu próprio corpo e confiar em suas vísceras mesmo quando isso não tem a ver com sua saúde. Tanto a amiga de Jacqueline como eu tínhamos o instinto de que havia algo muito errado na situação. Se você tem filhos, vai se identificar com isso. Se não tiver, talvez já tenha sentido algo parecido em relação a si mesmo. Se não for o caso, saiba que você tem esse poder dentro de si. Cultive-o e acredite nele. Ele é incrível.

Capítulo 9: Motivação – manter a resiliência para atingir seus objetivos

"Aquele que tem um 'porquê' para viver é capaz de aguentar quase qualquer 'como'."

NIETZSCHE

Os impulsos humanos básicos são sono/vigilância, fome/sede e reprodução. Depois desses, temos as coisas que nos motivam em particular – o auxílio a outras pessoas, desafios intelectuais, sucesso financeiro, inovação e assim por diante. Também há motivações mais negativas, como medo, vingança e raiva, além dos vícios. Identificamos facilmente esses motivadores, mas não temos a mesma consciência em relação a outros, mais traiçoeiros, como o medo do abandono ou o desejo de perfeição.

A motivação é o que nos mantém seguindo adiante quando seria mais fácil desistir, e a resiliência a complementa com a habilidade de se recuperar de situações adversas e se adaptar para lidar melhor com elas no futuro. Ter um porquê claro nos inspira a olhar para obstáculos de forma flexível quando eles ficam no caminho de nossas esperanças. O derrotismo não é uma opção para uma pessoa motivada; portanto, se você leva a sério a ideia de obter aproveitamento máximo do Princípio e construir um cérebro resiliente, é importante entender suas próprias motivações.

Propósito: o fator crucial

A província de Okinawa, no Japão, é conhecida pela longevidade de seus habitantes. Como resultado disso, cientistas estudaram o estilo de vida local para encontrar pistas que explicassem as vidas prolongadas e saudáveis. Descobriu-se que os okinawanos têm um forte senso do que chamam de "ikigai", que, numa tradução literal, significaria algo como "a razão pela qual levanto da cama de manhã". Um senso de propósito, um porquê.[45]

Ter um forte senso de propósito está correlacionado ao bem-estar. O senso de propósito garante que estejamos orientados para nossos objetivos, motivados pelo desejo de um resultado em particular que nos dê a tenacidade para seguir em frente. É um estado inconsciente e complexo do cérebro, que está relacionado à sobrevivência e que garante que não fiquemos facilmente distraídos ou fora de curso devido a vícios ou hábitos destrutivos. Isso é importante, pois qualquer coisa, de um alerta de mensagem de texto ao alcoolismo ou um distúrbio alimentar, pode nos prejudicar, afastando-nos de nossos objetivos. Quanto mais forte nosso senso de propósito, mais a recompensa por avançarmos na direção desse objetivo se sobrepõe a quaisquer distrações em nosso cérebro.

Um propósito forte nos fundamentando também permite que mantenhamos uma perspectiva ampla em mente enquanto enfrentamos dificuldades relativas a objetivos menores. Esse é um recurso valiosíssimo. Pessoas com um forte senso de propósito são mais propensas a agir apaixonadamente. A primeira vez que ouvi Steve Jobs dizer: "Se você seguir sua paixão, será bem-sucedido", senti que era um conselho fácil vindo de alguém que já tinha muito sucesso. Mas, quando fiz minha mudança de carreira, pude presenciar essa verdade simples por conta própria e agora acredito nela firmemente.

Quando jovens me perguntam sobre quais disciplinas devem estudar na universidade ou qual carreira escolher, sinto que esse é o melhor conselho que poso dar, pois, quando as coisas ficam difíceis, é nossa paixão que nos motiva. Seguir nossa paixão é a expressão de um propósito interior sólido. É um grande equívoco buscar determinadas somas em dinheiro ou aspectos materiais de um estilo de vida como nossas metas se isso não se relaciona a qualquer paixão fundamental. Vejo esse erro vir à tona muitas e muitas vezes, quando alguma crise realça o fato de as pessoas que o cometem nunca terem amado o que faziam, mas precisavam manter certo estilo de vida. Essa não é uma abordagem de vida sustentável, uma vez que a falta de sentido e propósito cedo ou tarde emerge como um problema físico, mental ou emocional e leva ao esgotamento.

O PRINCÍPIO

Muitas das pessoas mais motivadas e resilientes que conheci superaram traumas de infância no passado. Sempre que me sinto sobrepujada, olho para exemplos famosos de pessoas que venceram adversidades para me lembrar da pequenez dos meus problemas: pessoas como Nelson Mandela ou o sobrevivente do Holocausto Viktor Frankl. Se me sinto desnorteada ou como se não pudesse ver a luz no fim do túnel, sempre me sinto melhor depois de ler alguns dos textos ou discursos de Mandela. Eis aqui uma fala sua sobre liberar emoções negativas para deixar as positivas florescerem:

> "Conforme eu saía da porta e ia em direção ao portão que levaria à minha liberdade, sabia que, se não deixasse meu amargor e ódio para trás, ainda estaria aprisionado."

Na minha opinião, a conexão entre superar traumas e desenvolver a resiliência não é mera coincidência. Aprender, desde cedo, a sobreviver a desafios existenciais – luto familiar, divórcio, ser tirado de suas raízes e afastar-se de amigos e família – pode levar a uma determinação internalizada, mas forte, de ser bem-sucedido apesar dos desafios inesperados da vida.

Nossos fracassos, nossos "ainda não foi dessa vez", reavaliados no contexto de uma mentalidade abundante e do poder da neuroplasticidade, na verdade nos fortalecem, contanto que os reconheçamos e determinemos que eles serão usados como grãos no moinho – alimentando o Princípio em vez de drená-lo. É importante não deixar o aspecto batido desse conceito diminuir o poder que ele tem.

Para chegarmos ao cerne de nossos motivadores fundamentais, precisamos primeiro ser completamente sinceros com nós mesmos. O que queremos, de fato, da vida e por que, de fato, queremos isso? Plante essa pergunta em seu cérebro como uma semente e permita que ela germine. Muito do trabalho psicológico realizado em segundo plano o ajudará a formular seu quadro de ações no Capítulo 13. Se você acha difícil fazer isso, então buscar ajuda – seja de um coach, seja participando de oficinas ou retiros terapêuticos – pode ser benéfico.

Os altos e baixos da motivação

Conheço por experiência própria a sensação de perder a motivação: foi o que ocorreu comigo ao final de minha carreira médica. Com a motivação decrescente e a noção crescente de que eu precisava mudar de carreira, sentia-me exaurida, esgotada, como se não pudesse mais ser eu mesma em meu trabalho. A sensação me espreitava. Inicialmente, havia associado esse sentimento ao estilo de vida dos médicos – afinal, quase todos ao meu redor também estavam exaustos e sobrecarregados de trabalho. Mas, aos poucos, minha intuição foi me dizendo que não era só isso.

A interocepção permitiu que eu interpretasse os sinais físicos de que meu corpo estava rodando com o tanque vazio: sentia-me constantemente cansada, ressentia os colegas que não se esforçavam tanto e carecia de estímulo intelectual. Além disso, não conseguia me ver como psiquiatra nos dez ou vinte anos seguintes. Não enxergava isso, não era o futuro que eu queria para mim. Aspectos que me são importantes – criatividade, mistério e autonomia; fatores que me inspiraram a estudar psiquiatria para início de conversa – pareciam negligenciados.

Quando enfim tomei a decisão de mudar de carreira e virar coach, sabia que era arriscado (e alguns amigos e parentes enxergaram essa escolha como chocante e irresponsável), mas me senti tão motivada por meu objetivo que tinha certeza de que havia tomado a decisão certa. Nunca me senti tão motivada em relação a qualquer outra coisa. Apesar das dúvidas consideráveis que senti em relação a mim mesma durante o curso de coaching (rodeada por pessoas experientes do mundo corporativo, sentindo-me como um peixe fora d'água), estava determinada a ter sucesso. Mas foi difícil: chorei durante a minha avaliação de meio de curso diante da minha tutora, Jane, porque meu investimento emocional nessa mudança de carreira havia sido elevado e eu queria desesperadamente que as coisas dessem certo. Tinha certeza de que ela confirmaria que eu nunca teria sucesso nesse ramo e que seria melhor eu voltar para a medicina. Jane me ouviu, compassivamente, e por fim disse: "Tara, estou tentando dizer que seu desempenho tem sido brilhante, mas acho que você não está conseguindo ouvir o que digo". Mais tarde, quando eu já havia começado a desenvolver minha prática, ela me disse: "Níveis elevados de determinação e de sede de sucesso destacam certas pessoas da multidão, e você seguramente é uma delas".

As pessoas muitas vezes me disseram que eu seria uma boa médica, então eu já tinha ouvido elogios desse tipo antes, mas dessa vez decidi aceitá-lo, aprender com ele e utilizá-lo, em vez de refutá-lo com alguma tentativa de fingir humildade. Escolhi me ater a ele em vez de dar atenção à minha voz interior negativa, que fazia seu melhor para me sabotar. Estava determinada a não vacilar e tinha uma forte motivação interior para o sucesso. Lembrei-me da teoria psicológica relativa ao possível impacto positivo das adversidades – uma sensação inicial de inferioridade que nos faz trabalhar mais duro ainda e resulta em um alto nível de competência. Estava pronta para aceitar com humildade que havia algo maior envolvido no processo e que, se eu utilizasse esse algo, poderia criar meu futuro ideal.

Para mim, minha sede e minha motivação vinham de um lugar no qual emoções positivas e negativas se alinhavam. Estava determinada a me tornar uma coach bem-sucedida porque amava a profissão e acreditava apaixonadamente que, com minha expertise, eu tinha algo valioso a oferecer. Mas também estava motivada a mudar porque queria deixar de ser uma médica hospitalar. Outro exemplo de motivadores positivos e negativos entrando em sintonia ocorre quando você decide romper um relacionamento porque se sente triste com ele e restringido por ele, mas também porque deseja construir um futuro mais feliz e encontrar alguém que tenha os mesmo valores e aspirações que você. Da mesma forma, tirar um período sabático, alugar seu apartamento e ir viajar pode ser um escapismo (você odeia seu trabalho e está em negação em relação a seu relacionamento amoroso), mas, nesse caso, você também pode ser motivado por um desejo de ter uma aventura transformadora que lhe dará uma nova perspectiva. Um reforço nos exercícios antes das férias na praia é outro exemplo de mistura de motivações positivas e negativas (medo da sua aparência em traje de banho e desejo de se sentir confiante).

Contudo, alguns motivadores negativos devem ser eliminados assim que começam a brotar. No dia a dia, expor o que nos joga para baixo e reconhecer quando sentimos nossa energia sugada por

Cuidado com motivadores negativos

Emoções fortes relacionadas à sobrevivência – como medo, repulsa e remorso – muitas vezes agem como motivadores em si. O principal desejo do cérebro é a sobrevivência, e isso é outro resquício do tempo em que vivíamos em cavernas que não evoluiu adequadamente para operar de forma eficaz no mundo moderno. É fácil não notar a influência de emoções como remorso e tristeza, considerando que o cérebro lhes dá uma "roupagem" de escolhas proativas. Podemos nos convencer a ficar em um casamento ruim, por exemplo, porque achamos, devido a uma série de motivos, que é "a coisa certa a se fazer". Na realidade, porém, a verdadeira motivação pode estar mais baseada em medo ou remorso: simplesmente não queremos ficar sozinhos. O mesmo se aplica a uma carreira que não faz mais sentido para nós ou a amizades que deixaram de fazer com que nos sintamos bem.

É mais provável que os motivadores negativos apareçam quando passamos por algum momento de perda de embalo, isto é, quando o bom andamento das coisas fica difícil e parece que não estamos chegando a lugar nenhum. Os motivadores negativos podem agir em um nível inconsciente para sabotar nossos esforços positivos. Conhecer a si mesmo, confiar nos seus instintos, desenvolver o domínio sobre suas emoções e tomar boas decisões o ajudarão a perceber motivadores negativos em ação e a colocá-los em xeque em prol de um futuro melhor.

Lee: o desafio de minimizar distrações

Lee, uma cineasta de quase trinta anos, queixou-se para mim que se sentia sobrepujada. Ela vivia um impasse, após o fracasso de um projeto. Sabia que precisava se recompor e reencontrar a motivação que tinha para fazer um trabalho de qualidade, mas o contratempo a abalara. Ela simplesmente não conseguia se concentrar. Pedi a ela que criasse uma lista de distrações e perturbadores de motivação, e também uma lista do que a motivava pra valer. Depois de uma semana escrevendo em um diário, sua lista de desmotivadores continha itens do tipo:

O PRINCÍPIO

- Verificar as redes sociais e me comparar a outros cineastas.
- Navegar irrefletidamente pelo *feed* de minhas próprias redes sociais para me lembrar de tempos mais felizes.
- Desviar a atenção para projetos domésticos e de decoração quando estou trabalhando em casa.
- Perder meu tempo olhando perfis em sites ou aplicativos de namoro.
- Oferecer apoio a uma amiga próxima que eu amo, mas que me arrasta para o baixo astral junto com ela.
- Beber demais no fim do dia.
- Assistir a programas de TV que não me fazem pensar.

Em comparação, a lista de motivadores continha:
- Assistir a um filme novo e inspirador.
- Entrar em contato com uma mentora antiga para pedir conselhos e marcar um café da tarde com ela.
- Meditar.
- Trabalhar em uma nova ideia por uma manhã inteira, com todas as minhas notificações eletrônicas desativadas.
- Visitar uma exposição.
- Sair para correr.

Ao elevar sua consciência em relação às suas táticas de distração e ao se lembrar daquilo que a mantém nos trilhos, Lee decidiu fazer algumas mudanças. Por um período, ela ainda consultava a lista quando sentia a motivação lhe escapando, mas, depois de certo tempo, ela naturalmente se voltou para seus motivadores e estabeleceu algumas regras para contornar seus desmotivadores. Ela diz que ainda precisa progredir, mas, a cada vez que precisa fazer esse esforço, ele se torna mais fácil.

Separe duas páginas em seu diário para criar listas similares para si e veja se há qualquer mudança que você pode fazer desde já.

157

> Redes sociais podem inspirar ou distrair. Gosto delas, mas acho importante estabelecer limites quanto ao seu uso. Se, durante o dia, você sente a tentação de olhar para seu smartphone sem pensar, torne isso mais difícil apagando alguns dos aplicativos, mas mantendo-os em seu tablet, que você pode usar no início da noite. Vários estudos mostram que passar muito tempo on-line faz mal para a saúde mental.[46] Faça um favor a si mesmo e estabeleça controles em relação a seus hábitos de uso. Qualquer coisa que o distraia de seus objetivos deve ser gerenciada.

Perspectiva: o parceiro silencioso da motivação

Manter a perspectiva e adotar uma visão da vida de longo prazo é útil em tempos de estresse, especialmente quando a distância entre onde você está e onde você quer estar parece intransponível. Toda pessoa é testada por situações desafiadoras, como a perda de um ente querido, um coração partido ou dificuldades financeiras; tudo isso faz parte da vida. É sensato o conselho de manter nossos problemas em perspectiva, pois ele nos faz lembrar de que quase sempre há pessoas em situação pior do que a nossa. Sim, também haverá aqueles em situações muito melhores, mas ainda assim podemos nos lembrar de que nossos problemas não são os maiores do mundo... mesmo que às vezes assim pareçam! Se, por exemplo, você pôde comprar este livro – ou seja, tem acesso a livros e tempo para se dedicar ao seu desenvolvimento pessoal –, já está em uma situação melhor do que a maioria das pessoas deste planeta. Como mencionamos anteriormente, no decorrer da história, pessoas passaram por situações que muitos de nós mal conseguiriam imaginar hoje – como escravidão, *apartheid* ou o Holocausto –, de modo que podemos nos considerar afortunados na maior parte do tempo... se assim escolhermos.

A perspectiva não envolve apenas comparar sua experiência com a dos outros, mas também tem a ver com o relativismo temporal. Uma pergunta que faço a mim mesma com frequência é: "Quanto isso vai

O PRINCÍPIO

importar daqui a cinco anos?". A reposta, mesmo quando envolve um problema aparentemente significativo, geralmente é "não muito" ou "nem um pouco". Outra forma de se obter esse tipo de perspectiva é perguntar a si mesmo que conselho você daria a um irmão ou a uma versão mais nova de você mesmo que estivesse na mesma situação. O ato de tornar a questão menos pessoal, mas ainda relacionada a alguém com quem você se importa, muda nossa perspectiva e deixa o problema mais administrável para o cérebro o processar. Isso significa que ficamos mais propensos a acessar um processo de decisão melhor, pois a despersonalização de um problema o torna menos ameaçador para nosso cérebro.

Por outro lado, quando as pessoas com quem trabalho sentem-se culpadas por sofrerem de "problemas de primeiro mundo" – especialmente em um mundo com tanta gente vivendo na linha da pobreza ou bem abaixo dela –, asseguro-as de que, assim como nosso cérebro não diferencia a resposta emocional entre uma situação imaginada e uma situação real, todos os nossos problemas são, para nós, reais e desafiadores. E sigo meu próprio conselho, o que quer dizer que, quando sinto que deveria ser a Super-Mulher e seguir inabalada aconteça o que acontecer, lembro-me de que, se um paciente vem a mim com uma série de preocupações de saúde, uma gama de problemas em casa e uma pilha de estresse no trabalho, explico-lhe que há um limite do que uma pessoa é capaz de aguentar! A perspectiva permite que sejamos um pouco mais gentis conosco, especialmente quando estamos equipados de estratégias bem desenvolvidas para lidar com as situações e da abordagem proativa que delineei neste livro.

Pensar em perspectiva nos ajuda a compreender o fato de que um erro só é um erro se não aprendemos com ele – e, portanto, não o impedimos de se tornar um padrão. Quando sentimos que a vida nos joga de um lado para o outro, é útil nos visualizarmos como uma serpente trocando de pele repetidas vezes. Talvez precisemos passar por esse processo de novo e de novo, mas ficamos renovados e brilhantes a cada vez que nos recuperamos e aprendemos com um período difícil.

Hora de agir

Não importa seu objetivo ou intenção – viver uma vida equilibrada, ter mais saúde, mudar de carreira, seja qual for –, fortalecer sua motivação o ajudará a passar da imaginação para a ação. Se você quer que seus sonhos se tornem realidade, deve começar a fazer algo a respeito, e precisará da resiliência para seguir adiante com paciência e com a habilidade de superar distrações até chegar aonde quer. Você está ciente de quais são seus objetivos de fato? O que você precisa fazer para alcançá-los? Quais podem ser as barreiras em seu caminho?

Desenvolver uma crença absoluta na abundância de possibilidades (lembre-se do Princípio 1, p. 37) e em nosso poder potencial de concretizar nossos objetivos ajudará a aprofundar nossa motivação. Quando há a perspectiva de abundância de dinheiro, amor, sucesso e realização em nossa mente, não agimos com uma mentalidade de escassez, que nos limita. Isso é crucial para a motivação, e é por isso que estou lhe trazendo essa lembrança. Pensar a partir desse ponto de vista ajuda a expandir sua noção do que é possível. Para que a abundância possa se manifestar, é crucial abrirmos espaço para ela na vida. Às vezes, isso significa dar um salto de fé, como sair de um emprego ou terminar um relacionamento. Outras vezes, é algo mais sutil, que exige uma série de mudanças menores que possibilitarão grandes transformações.

Capítulo 10: Lógica – tome boas decisões

"O maior erro que se pode cometer é ter medo de cometer um erro."

ELBERT HUBBARD

Antigamente, acreditávamos que o pensamento lógico era um traço intrínseco: ou tínhamos um "cérebro bom de lógica" ou não tínhamos. Talvez nossos pais e professores tenham decidido nossa posição nesse espectro quando éramos crianças e ficamos presos a essa narrativa desde então – para o bem ou para o mal.

De forma geral, tendemos a pensar que pessoas com vocação para a matemática e as ciências "duras" são mais lógicas e analíticas do que pessoas com inclinações artísticas. Na sociedade moderna, ser lógico e analítico é extremamente valorizado; ser criativo, intuitivo ou compassivo, nem tanto – inclusive, habilidades relacionadas ao segundo cenário são chamadas de *"soft skills"* ("habilidades suaves"). Porém, em todas as áreas – da clínica psiquiátrica à vida normal e aos círculos mais bem-sucedidos da sociedade –, as pessoas consideram essas habilidades muito mais difíceis de dominar. Talvez seja assim porque elas são mais sofisticadas e complexas ou talvez porque somos ensinados a pensar de forma lógica desde jovens. De qualquer modo, se queremos prosperar na vida – especialmente diante da ascensão da inteligência artificial e da aprendizagem automática –, é uma boa ideia concentrar mais de nossa energia em confiar em nossas vísceras, dominar nossas emoções e nos sentirmos no controle da criação de nosso futuro.

O simples fato de estar lendo este livro indica que você é uma pessoa suficientemente lógica, mas pode haver benefícios adicionais em entender como sua lógica pode ser prejudicada por emoções intensas ou vieses inconscientes.

O mito do cérebro esquerdo e cérebro direito

Por muito tempo, o mito neurológico das funcionalidades dos lados esquerdo e direito do cérebro foi a base de muitos testes de personalidade, livros de autoajuda e exercícios de equipe, mas a ciência deixou esse conceito de lado conforme avançava em relação à sua compreensão da organização do cérebro. Para liberar a mente e passar por cima de alguns bloqueios mentais, precisamos compreender o cérebro como uma série de sistemas em vez de uma série de locais ou um estabelecimento de duas metades.

Antes, achávamos que o pensamento lógico e analítico ocorria no lado esquerdo do cérebro, ao passo que pensamentos criativos ou emocionais ocorriam no lado direito. Porém, a neurociência moderna nos diz que qualquer processo de decisão utiliza os dois lados do cérebro, ou seja, trata-se de um processo integrador por natureza. Neuroimagens de pessoas tomando decisões mostram várias partes diferentes e aparentemente não relacionadas do cérebro sendo ativadas ao mesmo tempo, quando a pessoa em questão está pensando sobre um problema complexo. Todas as informações viajam do lado esquerdo para o direito, de trás para a frente, de baixo para cima e, em todos os casos, vice-versa. Quanto mais ágil e saudável for o cérebro, melhor é o funcionamento dessa conectividade de cérebro inteiro.

Simplesmente não é verdade que tudo que seja relativo ao campo analítico fica em um lado do cérebro e tudo relativo à criatividade fica no outro. Também não é verdade que pessoas criativas usam mais o lado direito do cérebro e que aqueles que são mais lógicos usam mais o hemisfério esquerdo ou que pessoas canhotas são mais criativas. Um estudo utilizando fMRIS (ressonâncias magnéticas funcionais, que mostram níveis de oxigênio correlacionados a atividades em diferentes partes do cérebro) de mil cérebros de pessoas entre 7 e 29 anos, feito por pesquisadores da Universidade de Utah em 2013, descobriu que são as conexões entre as regiões de ambos os lados do cérebro que permitem que realizemos tanto o pensamento criativo como o analítico.[47] Ambos os lados tendem a ser iguais no modo como entram em ação, com um número de redes neurais e um grau de conectividade aproximadamente equivalente.

Essa habilidade de examinar cérebros saudáveis é um acontecimento relativamente recente. Antes, tínhamos que obter informações sobre como o cérebro funcionava a partir de experimentos envolvendo pessoas com doenças cerebrais. Experimentos da década de 1960, feitos em pessoas que tiveram seu corpo caloso (a ponte que conecta os dois hemisférios do cérebro) cortado como parte do tratamento para esquizofrenia, permitiram que os cientistas determinassem os lados do cérebro majoritariamente responsáveis por linguagem, aritmética ou arte em seus pacientes. Embora houvesse certo nível de verdade nisso, o surgimento de FMRIS de cérebros saudáveis comprovou que o cérebro é uma coleção dinâmica de sistemas, redes, conexões entre hemisférios e disparos de sinais laterais complexos.

Os perigos da lógica

Quando nosso cérebro busca aplicar lógica a uma situação, recorre ao que reconhece como as "regras" de causa e efeito: a noção de que cada ação tem uma consequência. O lado positivo disso é nos impelir a assumir a responsabilidade por nossos atos e nos tornar capazes de perdoar e aprender com nossos erros – comportamentos saudáveis para nosso cérebro. O lado negativo é que pode nos tornar avessos a riscos e excessivamente cautelosos.

Decisões lógicas são vistas como a antítese de decisões irresponsáveis e mal pensadas, mas isso pode fazer com que vejamos a lógica como a inimiga dos riscos. Na verdade, a lógica deve sustentar e encorajar um apetite saudável por riscos ponderados, ajudando-nos a cultivar a habilidade de identificar os riscos que valem a pena, fazendo-nos avançar por meios mais audaciosos que as opções mais óbvias e trazendo crescimento sem comprometer a estabilidade e a segurança. Ao pesar os prós e contras de uma decisão grande, é importante nos lembrarmos disso, embora seja fácil ficarmos paralisados por reflexões excessivas e fadiga decisória. Como regra geral, a partir do momento em que tomamos uma decisão, ela não parece ser tão ruim como imaginávamos que seria. O importante é tomar uma decisão e fazer com que ela funcione.

As ponderações do processo lógico de decisão são complexas e sofisticadas. Também são intensas no consumo de energia. Talvez surpreenda o fato de que, embora a ruminação que leva a uma decisão necessite de energia, é o momento de decisão em si que usa mais intensamente a energia de nosso cérebro. Isso explica por que reduzir o número de escolhas desnecessárias em nosso dia a dia (o que vestir, comer ou assistir ou ao que reagir nas redes sociais) é uma forma eficaz de conservar a energia despendida nesse tipo de processo, energia essa que pode então ser usada em decisões maiores e mais importantes. Esse processo é conhecido como "redução de escolhas" e pode incluir uma rotina matinal regular, decidir na noite anterior que roupa vestir ou evitar usar a energia do cérebro em coisas muito pequenas.

Também é importante notar que uma disposição para o pensamento lógico não necessariamente se aplica de forma consistente a todas as áreas da vida. Pense nas pessoas que você conhece em seu trabalho e em sua vida pessoal. Você consegue pensar em exemplos de pessoas que tomam excelentes decisões no trabalho, mas cujas vidas pessoais notabilizam-se pelas decisões ruins (manutenção de amizades destrutivas, má administração de relacionamentos familiares estressantes, afastamento dos próprios filhos)? Muitas, muitas pessoas que se destacam no trabalho têm uma vida pessoal que é uma bagunça. Isso mostra que ser forte na lógica e dominar as emoções não necessariamente andam juntos. Você precisa se dedicar a cada via para obter o desempenho máximo do Princípio: não há atalhos, e você não tem como usar sua força em uma via para compensar a deficiência em outra.

Reconhecimento de padrões e o cérebro

Vejamos o que acontece em nosso cérebro quando tomamos uma decisão lógica. Em um mundo ideal, a decisão se manifestará em nosso cérebro de forma harmônica entre o físico, o mental, o emocional e o espiritual, utilizando todas as nossas vias adequadas de forma igual. Na realidade, é raro que esse seja o caso, e então ficamos diante de uma discórdia entre nossas vias neurais e precisamos classificá-las em ordem de importância, usando o processo de filtragem do cérebro para reduzir as possíveis consequências negativas de assumir riscos.

O PRINCÍPIO

Diante de um problema do tipo "o que fazer?", o sistema de reconhecimento de padrões de nosso cérebro entra em ação. Trata-se de um processo complexo que sintetiza informações de diferentes partes do cérebro, invocando lembranças de decisões anteriores similares. Examinamos racionalmente cada escolha em nosso córtice conforme o cérebro tenta encontrar a melhor resposta para o momento, comparando a situação presente com as anteriores e se perguntando: "Isso faz sentido segundo os dados que tenho disponíveis?". Depois, avaliamos o veredito de nosso sistema límbico: "Eu *sinto* que essa é a decisão certa?". Nosso cérebro lógico calcula resultados prováveis e consequências possíveis, rodando uma série de cenários "e se...?", como um jogador de xadrez planejando jogadas futuras.

Para guiar nosso caminho, a atribuição emocional de valores age como um marca-texto, instruindo-nos quanto a quais informações do passado (e do presente) devemos prestar atenção. Tudo isso é informado pelas reações emocionais às memórias estabelecidas em nosso passado: o que ocorreu, qual foi o desenrolar e como nossa reação nos levou ao sucesso ou ao fracasso. Cada uma de nossas memórias contém também a lembrança de como nos sentíamos naquele momento, e isso fornece mais informações à nossa avaliação lógica no momento presente. Nossa intuição então sustenta ou entra em conflito com a resposta lógica e a resposta emocional. Acabamos por nos decidir por uma ou mais vias que apresentam menos riscos, e é daí que vem aquela dúvida persistente, aquela sensação quase permanente de que poderíamos ter tomado uma decisão "melhor". O importante aqui é que cada decisão que tomamos, por mais lógica que seja, sempre tem um viés emocional.

Não há como evitar que nosso cérebro procure esses valores atribuídos, e o elemento emocional do processo de decisão é essencial – inclusive, pesquisas mostram que, quando as partes do cérebro responsáveis por interpretar emoções estão danificadas, o processo de decisão torna-se lento e inexato, embora a capacidade de análise objetiva permaneça intacta.[48] Isso mostra que a lógica não funciona adequadamente quando isolada – ela colabora com os outros modos de pensamento, especialmente com a emoção.

Há algo que podemos fazer para manter nossa lógica nos trilhos: manter um olhar cético sobre nosso sistema de reconhecimento de pa-

165

drões, recrutando o Princípio como um vigia capaz de contestar construtivamente os valores emocionais atribuídos e conferindo quaisquer inferências que possamos fazer com base em experiências passadas.

Às vezes, o reconhecimento de padrões funciona bem, mas, em outras, o tiro sai pela culatra de forma espetacular. No livro *Think Again: Why Good Leaders Make Bad Decisions and How to Keep It From Happening to You* [Pense novamente: por que bons líderes tomam decisões ruins e como evitar que isso aconteça com você], três acadêmicos da área de administração analisaram 84 decisões ruins tomadas por líderes de sucesso.[49] Eles descobriram que, na maioria dos casos, o perigo aparece quando os cérebros dos líderes chegam a conclusões precipitadas diante de situações que os lembram de experiências anteriores. O que pareciam conclusões lógicas para eles eram, na verdade, suposições perigosamente falhas.

Algumas pessoas, ainda que bastante astutas, carecem da habilidade de pensar em uma decisão de forma integral. Isso pode ser consequência de um apego rígido à própria perspectiva, de uma falha de inteligência emocional e de um forte viés inconsciente em ação. Esse é um problema que ocorre com frequência em relacionamentos longos, especialmente entre casais divorciados, mas com filhos em comum: ambas as partes se sentem lesadas pela outra, mas precisam interagir entre si por causa dos filhos. Quando nos agarramos a um certo modo de pensar e de nos comportar, podemos nos sentir incapazes de enxergar a situação por outro ponto de vista. Podemos nos apegar a nosso senso do que é certo ou ao papel que tenhamos assumido no relacionamento (seja esse papel de "provedora", "cuidador", "a adulta" ou qualquer outro). Nessa situação, a lógica vai pelos ares e o viés assume o controle. Lógicas falsas ficam no comando. Isso é perigoso, porque "você não sabe o que não sabe". Para reestabelecer o equilíbrio, são necessários grande esforço, força de vontade e dedicação consciente à afinação emocional e à autopercepção, mas é algo possível de se fazer.

Identificando lógicas falsas

Então, se até os mais sagazes entre nós cometem erros tão gigantescos, confundindo vieses com verdades, qual é a melhor forma de

O PRINCÍPIO

identificar "lógicas" falsas e reconhecer o que é verdade "pra valer"? Na minha opinião, o tipo mais importante de pensamento crítico é o que fica orientado para dentro, avaliando a confiabilidade de nossos próprios pensamentos. Resgatar conscientemente memórias de situações similares no passado que possam influenciar (talvez em um nível inconsciente) nossa avaliação sobre o que ocorre no tempo presente é o primeiro passo. Depois, precisamos conscientemente contestar a sequência de pensamento comparativo, nos perguntando:

- O que é diferente desta vez?
- A minha interpretação sobre o que ocorreu na situação anterior é correta e precisa?
- Eu teria como pensar sobre a situação atual sob outra perspectiva?

Precisamos oferecer uma contrapartida a nossos próprios pensamentos e contestar nossas suposições.

A habilidade de se pensar como contornar um problema, de forma flexível e adaptável, é a lógica em ação. Ela atua em várias dimensões e é o oposto do "pensamento de A a B". Pelo ponto de vista da neuroplasticidade, precisamos nos reciclar e nos treinar para usar a lógica e a razão na medida certa para calibrar as outras vias, aproveitando-as ao máximo sempre que ficamos diante de uma nova situação.

Desenvolver um estado de consciência a respeito de como nossa lógica e nosso processo de decisão são constantemente influenciados por tudo a que somos submetidos – das pessoas ao nosso redor ao ambiente domiciliar e novos aprendizados – faz com que nos lembremos do nosso poder de equilibrar nosso senso de lógica. No que se refere a grandes decisões baseadas principalmente na lógica, quais são seus pontos fortes e pontos fracos? O ato de ler este livro e incorporar as ideias contidas nele afetará o modo como você aplica a lógica em favor de boas decisões, mas a amplitude de qualquer mudança duradoura será determinada por suas ações, exigindo que você coloque as sugestões e os exercícios em prática.

Capítulo II: Criatividade – projete seu futuro ideal

> "Se você ouvir uma voz dentro de si dizendo 'você não é capaz de pintar', definitivamente pinte, e essa voz será silenciada."
>
> VINCENT VAN GOGH

Criar a vida que queremos exige visão, e não apenas a visão para imaginar a realidade que queremos, mas também para enxergar possíveis oportunidades ao nosso redor que possam nos ajudar a trilhar nosso caminho para o futuro. Nesse sentido, a criatividade de que falamos não é a visão tradicional de ser bom em artes ou ter um monte de ideias novas, mas, sim, a habilidade de moldar nosso cérebro de acordo com aquilo que expomos a ele, projetando nosso próprio futuro por meio de escolhas proativas. Você verá exemplos disso por todos os lados se começar a procurar: de celebridades que se reinventaram, reformulando suas identidades – Victoria e David Beckham, Miley Cyrus, Mark Wahlberg, Angelina Jolie, Rihanna, Kim Kardashian, Justin Timberlake ou Arnold Schwarzenegger –, a ícones que mudaram o mundo, incluindo Abraham Lincoln, Nelson Mandela, Mahatma Gandhi, Marie Curie, Madre Teresa de Calcutá, Martin Luther King e Emmeline Pankhurst.

Criatividade é liberdade. Ela permite que direcionemos todo o poder do Princípio para criar a vida que visualizamos para nós mesmos. Isso permite que recorramos a nossas outras vias e as utilizemos de maneiras inesperadas, usando a Lei da Atração e a visualização para materializar nossos desejos.

Um cérebro criativo é um cérebro capaz de colocar ideias em prática de formas inesperadas, usando combinações de pensamentos contrastantes para criar novos pensamentos. Esse é o novo (e, ao mesmo tempo, antigo) superpoder da mente humana: o de reinventar, imaginar, aprimorar e repensar. Quando pensamos com nosso cérebro inteiro e dedicamos todo nosso poder criativo a uma situação ou problema, enxergamos possibilidades onde os outros enxergam limitações. Um velejador medalhista olímpico que conheci numa festa me disse uma vez: "Quando a maioria das pessoas vai até a praia e olha para o mar no horizonte, elas veem o fim. Eu vejo o começo". A criatividade nos dá o poder da interpretação.

Para sermos criativos, também precisamos desenvolver um certo nível de confiança em nosso direito de expressar nossa perspectiva única sobre as coisas; precisamos valorizar nossas próprias ideias e interpretações. Quando explico isso às pessoas, elas muitas vezes acham a sugestão um tanto radical. Não raro, ouço responderem: "Mas eu não sou uma pessoa criativa". Isso é frustrante e triste. A definição de criatividade que nos ensinam é muito limitada (muitas vezes, baseia-se unicamente em um talento natural para as artes). Assim como é feito com o "cérebro lógico", presume-se que ou você tem uma "disposição criativa" ou não tem. Disseram-me na escola que eu não era criativa porque não desenhava muito bem. E o resultado disso é que há uma geração inteira de pessoas afetadas por esse mito.

Isso talvez o tenha impedido de começar seu próprio negócio ou até de se vestir de uma determinada maneira. A ilusão que cerca o sucesso de grandes artistas de talento excepcional não ajuda, mas busque um pouco mais fundo e você verá que até mesmo o artista mais bem-sucedido provavelmente "chegou lá" como resultado de tenacidade, resiliência e fé em si mesmo – e de uma aptidão para perceber oportunidades quando elas surgem. Você pode se inspirar a partir disso para virar de cabeça para baixo a noção convencional de criatividade. Em vez de se limitar ao talento artístico ou cultural, ela também engloba a habilidade que você tem de criar seu futuro, de estar plenamente presente e no comando de sua vida.

A neurociência da criatividade

A neurociência tem explorado atualmente os aspectos que caracterizam mentes criativas. Pesquisadores em Harvard identificaram recentemente um padrão de conectividade cerebral associado à geração de ideias.[50] Nesse estudo, colocavam-se as pessoas em um aparelho de neuroimagem e pedia-se a elas que apresentassem novas utilidades para objetos cotidianos, como uma meia, sabão ou uma embalagem de chiclete. Algumas pessoas, cujas mentes estavam muito condicionadas às funções cotidianas dos objetos, tiveram dificuldade de filtrá-las, então tendiam a responder com exemplos óbvios, como cobrir os pés, fazer bolhas ou embrulhar goma de mascar. Pensadores altamente originais, por outro lado, mostraram alta conectividade entre três áreas do cérebro enquanto refletiam: divagação mental, pensamento concentrado e atenção seletiva. Essas pessoas apresentaram ideias não convencionais, como um sistema de filtragem de água, um selo para envelopes e uma antena.

Acabe com a filtragem negativa

A divagação mental, o pensamento concentrado e a atenção seletiva podem ser fortalecidos com a prática. Dar-se tempo e espaço para pensar sem distrações pode levar a novas ideias e perspectivas. Esse é o benefício de se permitir ativamente que sua mente divague. Ao trazer conscientemente seus desejos, esperanças e sonhos ao plano principal de sua mente, seu cérebro passará a se concentrar com mais eficácia em oportunidades que podem levar aos resultados desejados. Esse é o pensamento concentrado, que pode ser obtido por meio de quadros de ações e da visualização. Frequentemente filtramos pensamentos que não servem ao nosso propósito imediato e censuramos de forma inconsciente pensamentos que parecem incorretos ou ridículos, mas, ao nos darmos a liberdade de ter um leque mais amplo de pensamentos, permitimos que haja ações. É por isso que precisamos afiar nossa atenção seletiva e nossas habilidades de filtragem. No Capítulo 9, falamos sobre um porquê; aqui, é o caso de se pensar "por que não?". Por que não se candidatar àquele novo emprego ou ir àquele encontro que seus amigos sugeriram? Por que não começar aquele hobby que você vem postergando há anos? Pegue aquela nova ideia de projeto que salta à sua mente quando você está tentando se concentrar em outra coisa, anote-a e volte para ela depois. Você também pode tentar virar um problema de cabeça para baixo para obter uma nova perspectiva sobre ele. Tente dar-se conta da próxima vez que você estiver editando seus pensamentos e se pergunte se o pensamento que você queria afastar pode ser útil. Lembre-se de pensar a partir de uma perspectiva de abundância, não de escassez.

Há uma prática chamada "prototipação rápida" que consiste em se gerar o máximo de ideias possível, colocando-se as que não funcionam em uma lista de "tentar de novo no futuro ou em uma circunstância diferente", até que se encontre uma ideia que funcione perfeitamente no momento. Quando eu estava considerando abrir meu próprio negócio, o tio do meu ex-marido – um homem adorável e um "empreendedor em série" – sugeriu que eu fizesse uma lista de todos os negócios possíveis. Quando eu chegasse a cem itens, haveria algo na lista que eu poderia seguir de forma viável. Levei dois anos para chegar às cem ideias, mas, quando terminei a lista, sabia que a carreira de coaching era o motivo para eu largar a medicina. Sentia-me nervosa e empolgada ao mesmo tempo, mas acima de tudo sentia-me confiante de que faria de tudo para dar certo e criar o futuro que eu queria.

Afaste pensamentos de "caneta vermelha"

Uma das minhas amigas mais criativas é uma empreendedora que criou uma marca própria partindo do zero. Ela está sempre inovando e elaborando novos planos profissionais. O parceiro dela é igual. Quando lhes perguntei o seu segredo, ela simplesmente disse: "Na nossa casa, não existe ideia ruim". Ela explicou que ela e o parceiro, junto com os filhos, exploram todas as ideias, sem as rejeitar de antemão. Boas ideias naturalmente se destacarão das demais depois de um tempo. Descartar ideias (suas ou de outras pessoas) antes de se ter a oportunidade de ponderar sobre elas só pode fazer mal.

Ao nos abrirmos à eventualidade de brincar com várias possibilidades e ideias em potencial, a criatividade nos recompensa, permitindo que enxerguemos oportunidades em locais inusitados. Isso significa que podemos sentir quando devemos nos arriscar e quando devemos contestar ou seguir algo. A criatividade nos ajuda a cultivar uma intuição forte, oferecendo-nos a flexibilidade para reconhecer possibilidades que, de outra forma, passariam batidas por nós.

O escritor Kurt Vonnegut certa vez escreveu:

> "Temos que continuamente saltar de penhascos e desenvolver asas durante a descida."

Isso ilustra a natureza essencial da criatividade: ela não é um luxo frívolo, mas, sim, a engenhosidade que há em se pensar como encarar desafios e situações difíceis e sair dessas situações alçando voo. E quem não quer ter sucesso nisso?

Lembre-se: você já é criativo!

Se você ainda se sente um pouco cético em relação às suas habilidades criativas, olhe ao redor. Você criou o seu lar. Você criou a sua carreira. Você talvez tenha criado um relacionamento e até filhos. Você cria suas refeições, assuntos para conversar, um ambiente aconchegante quando recebe visitas, seu jardim, suas amizades... a lista é enorme. E isso porque nem mencionamos qualquer um dos hobbies mais obviamente criativos que você talvez tenha. E se você acha que não tem exemplos suficientes, tente fazer algo novo! Lembre-se do que aprendemos sobre a contribuição da novidade à neuroplasticidade. Quais são suas noções preconcebidas sobre o quanto você é criativo e sobre a maneira como expressa sua criatividade? Somos todos naturalmente criativos, e é hora de fazer com que esse poder intrínseco o torne audacioso em sua busca pela autoexpressão radical – pela vida que você quer de verdade. Estabeleça um desafio abrangente e de longo prazo e testemunhe suas visões se desdobrarem. Os exercícios nos capítulos a seguir foram projetados para ajudá-lo a liberar sua criatividade, de modo que você possa utilizá-la para alimentar sua visão para o futuro.

PARTE 4

Desperte o Princípio

"O que quer que você faça, ou sonhe em fazer, comece. A audácia contém genialidade, poder e mágica."

GOETHE

E agora, para a parte interessante! Você refletiu sobre as ideias contidas neste livro e entendeu como as vias do seu cérebro evoluíram e também como você pode usar o poder da neuroplasticidade para fortalecê-las. Aprendeu a respeito do poder transformador envolvido na adoção de uma atitude abundante e passou a entender que visualizar seu futuro ideal pode ajudá-lo a fazer com que ele aconteça. Agora, é hora de colocar essas ideias em prática para concretizar sua intenção verdadeira.

Independentemente de suas metas estarem relacionadas a trabalho, vida amorosa ou autodesenvolvimento de maneira geral, encorajo-o a romper com suas vias estabelecidas e a criar mudanças, usando uma mistura de exercícios simples e mais complicados para turbinar o Princípio.

Esses exercícios progridem de acordo com um plano de quatro passos. Você pode seguir o plano em quatro semanas ou quatro meses; você decide qual ritmo é o melhor para você. **A regra de ouro é apenas avançar para o passo seguinte quando sentir que o atual rendeu benefícios e descobertas significativos.** Sempre que julgar apropriado, continue as ações dos passos anteriores simultaneamente a seu avanço.

O plano se baseia em ciência cognitiva, especialmente no preceito de que mudanças duradouras no comportamento ocorrem em quatro passos:

- **Passo 1: atenção elevada** (tornar o inconsciente consciente e desligar o piloto automático). Você já deve ter pensado bastante a respeito disso conforme lia este livro. Com sorte, talvez já esteja se sentindo motivado a mudar. Os exercícios no Capítulo 12 irão inspirá-lo ainda mais a expandir sua autoconsciência, ressaltando os aspectos de seu comportamento e de sua forma de pensar que mais precisam de uma transformação.

- Isso fornece o material em estado bruto para o **Passo 2** (Capítulo 13): criar o poderoso **quadro de ações** para desenvolver sua visão para o futuro e estabelecer suas metas de mudança.
- Transformar seu futuro imaginado em realidade exige ação. É aí que entra o **Passo 3: atenção concentrada** (Capítulo 14). Praticar novos comportamentos e treinar para pensar de novas maneiras torna-se mais fácil quando você está mais presente e usa a atenção plena e a visualização para ajudá-lo a dedicar suas energias às coisas que importam.
- A **prática deliberada** (repetição) é o **Passo 4** (Capítulo 15), o passo final e crucial, no qual você se dedica a diferentes aspectos do Princípio e fixa novos hábitos favoráveis ao cérebro, de modo a garantir seu progresso pessoal e a manifestação de todo o potencial do Princípio em sua melhor e mais abundante forma.

Conforme você substitui sistemas de crença profundamente enraizados, suas novas maneiras de pensar passarão a definir o seu novo "eu". Depois que isso acontecer, você estará mais bem equipado para lidar com as surpresas que a vida traz e começará a obter mais do que você deseja na vida.

Sei por experiência própria que, à medida que as pessoas avançam por esses passos, os benefícios rapidamente se tornam cumulativos. É incrivelmente motivador observar os efeitos das mudanças que você está realizando, e essa motivação o ajudará a se manter focado em seus objetivos. Conforme começa a viver segundo essa perspectiva de abundância e materialização, sua fé no seu próprio poder de realizar mudanças positivas e mantê-las crescerá. Você assistirá, com surpresa e empolgação, ao Princípio conduzir seu destino.

Capítulo 12: Passo 1 — atenção elevada — desligue seu piloto automático

"Até você tornar o inconsciente consciente, ele conduzirá sua vida, e você o chamará de destino."

CARL JUNG

Amo a frase de Carl Jung contida na abertura deste capítulo: nela, transparecem o cerne do conceito do cérebro como o Princípio e o potencial desse conceito de liberar um futuro iluminado. Estamos agora prontos para embarcar nos exercícios e nas visualizações que vão energizar o Princípio e nos preparar para trazer nosso inconsciente ao estado consciente. Certifique-se de reservar algum tempo livre agora, de modo a aproveitar a paz e o silêncio e, livre de distrações, conseguir se concentrar completamente em si mesmo.

Como vimos no Capítulo 2, há surpreendentemente pouca diferença no cérebro entre um evento efetivamente vivenciado no mundo exterior e uma visão intensamente imaginada do mesmo evento – seja um evento excepcional ou cotidiano. Os exercícios nesta seção o ajudarão a criar visualizações fortes que registram bem no fundo do seu cérebro uma versão imaginada da vida que você deseja no futuro. Dessa forma, o Princípio vivencia a realidade abundante que você deseja antes que ela aconteça, tornando-se mais capacitada a aproveitar oportunidades, assumir riscos positivos e fazer acontecer no futuro. Mantenha seu diário à mão e anote as descobertas obtidas a partir dos exercícios a seguir.

Explorando seus relacionamentos e projeções

Os "modelos" que temos para definir o que família, amor e senso de identidade significam para nós são estabelecidos desde cedo, a partir das nossas primeiras conexões interpessoais. Mas a maior influência origina-se de como nós internalizamos essas conexões, experiências e crenças e, em seguida, as projetamos em outros relacionamentos e situações conforme seguimos nossa vida. Esse condicionamento explica como uma determinada situação e uma reação correspondente podem se tornar conectadas em nosso cérebro ao longo do tempo. Quanto mais vivenciamos algo, mais vias estabelecemos para aquela conexão em nosso cérebro por meio da neuroplasticidade e do aumento de sinapses. Depois disso, o reconhecimento de padrões do cérebro entra em ação sempre que reconhece uma situação ou relacionamento novo como "similar" a algo com que já lidamos anteriormente.

Isso pode incluir de tudo – nossas reações à comida, à violência ou a uma crítica aparente – e cada um de nós tem uma resposta diferente em virtude das experiências por que passamos antes da fase adulta. Muitas pessoas criadas em lares nos quais o dinheiro era escasso acham extremamente desconfortável ver comida sendo desperdiçada; outras sempre deixam comida no prato e nunca comem as sobras do dia anterior. Algumas pessoas permanecem em relacionamentos abusivos porque é com isso que estão acostumadas. Alguns de nós conseguem aceitar opiniões críticas a nosso respeito e fazer delas algo construtivo, ao passo que outros se fecham a qualquer comentário ligeiramente negativo. Os modelos padronizados em seu cérebro são favoráveis a pensamentos de abundância? Ou será que alguns deles são limitadores e contraproducentes?

Entender essa projeção é útil para compreender a forma como seu "eu" do passado chega ao presente e determina o seu futuro, se assim você permitir. Isso ajuda a explicar como qualquer relacionamento atual – no trabalho, entre amigos ou um relacionamento amoroso – pode ativar uma resposta condicionada em um estado anterior (o da infância).

O PRINCÍPIO

Conheça seus fantasmas, mude seu destino

Você se sente pronto para começar a explorar as formas como sua família e as conexões feitas no começo da sua vida moldaram suas vias neurais e o modo como você se enxerga? A explorar como elas lhe forneceram uma série de expectativas que você projeta em novas pessoas e situações conforme elas surgem em seu caminho? Entender seus "fantasmas" e o modo como eles afetam o funcionamento do Princípio é um primeiro passo importante para se livrar deles caso o estejam limitando.

Pegue uma página em branco em seu diário e comece a escrever o que as palavras abaixo significavam em sua família e nos outros relacionamentos próximos que você teve na infância. Em quais exemplos você consegue pensar?

- **Papéis:** qual era seu "papel" na família? Que outros "papéis" havia e como você se relacionava a eles? Exemplos incluem "o intermediário", "bode expiatório", "a pacificadora", "a rebelde" ou "o porta-voz da mãe".
- **Segredos:** quais eram os segredos e mentiras em sua família durante sua infância? Quem os mantinha? Como eles influenciaram sua vida à medida que você crescia? Um exemplo pode ser: "Ninguém falava do problema do tio John com o álcool".
- **Crenças:** quais eram as crenças dominantes em sua família? Havia regras não ditas ou incontestáveis? Havia discordâncias e conflitos por causa de diferenças de opinião? As pessoas talvez mencionassem com frequência conceitos como "o trabalho duro é sempre recompensado" e "aqui se faz, aqui se paga".
- **Valores:** quais fatores eram defendidos como os "valores" fundamentais de sua família? Conceitos como honestidade, trabalho duro, gentileza, sucesso, justeza, autoexpressão ou intelectualidade eram considerados mais importantes do que qualquer outra coisa? Você se identificava com isso?

- **Limites:** qual era a atitude da sua família em relação a limites, como regras, comportamento ilegal, promessas feitas e quebradas, ou qualquer tipo de transgressão?

Explorar os "fantasmas" que todos carregamos e refletir sobre a serventia que eles têm hoje é um processo revelador e enriquecedor. Há fantasmas que você carrega sem questionar sua utilidade ou necessidade? Você já se pegou em uma situação na qual seguia "regras" contrárias a seus desejos mais profundos? Anote qualquer descoberta em seu diário e busque mantê-las em primeiro plano na sua mente para perceber quando essas tendências se manifestarem na vida real. Anote no diário como essas manifestações ocorrem no presente e comece a fazer pequenas mudanças capazes de ajustar essas reações inconscientes ao longo do tempo. É assim que você começa a assumir as rédeas de seu futuro.

Chloe: carregando demais

Fiz esse exercício com Chloe, que é mãe de três crianças e está na casa dos trinta anos. Durante a infância, ela era a "pacificadora" da casa, e agora se encontrava na mesma situação com a nova vida familiar, mediando discussões entre os filhos assim como entre o marido e o cunhado dela.

Chloe estava emocionalmente exausta quando começamos a trabalhar juntas. Ela veio a mim num momento de crise, pois havia se dado conta de que não tinha como continuar dando apoio a todos como fizera até então. Ela tinha que trazer essa atribuição de papel à superfície da própria mente e, em seguida, conscientemente reestabelecer seus limites.

Uma coisa era começar a desfazer e a alterar o próprio comportamento, mas a resistência à mudança que a própria família dela ofereceu foi uma surpresa. No começo, as discussões ficaram mais intensas, pois ela parou de intervir; o comportamento dos filhos de Chloe para chamar a atenção piorou, conforme eles tentavam fazê-la voltar a seu papel antigo. "Eles estão inventando coisas que criem encrencas entre si", ela me contou. "Não só às vezes, mas o tempo inteiro. Estão exagerando suas reações, e minha filha mais velha me disse que eu não me importo mais com ela." Chloe sentou com os filhos e explicou que não adiantava eles virem a ela sempre que ficassem frustrados com algo. No mundo real, eles teriam que resolver suas discordâncias entre si. Depois de um tempo, as crianças passaram a reclamar menos com Chloe e a resolver as questões entre elas. A casa dela atingiu um novo nível de calmaria.

Ela ficou horrorizada com os jogos mentais que os filhos fizeram para mantê-la no papel ao qual estavam acostumados, mas também com a descoberta de que ela estava criando para eles um futuro de relacionamentos insalubres. O seu amor por eles a ajudou a ser mais rígida no curto prazo e, depois, ela estudou uma forma de psicoterapia para ajudar ainda mais a sua família, mas também para aconselhar os outros a desenvolver limites saudáveis.

Com algo tão complexo e interconectado como as redes em seu cérebro e a forma como elas influenciam seu comportamento, pode parecer difícil saber por onde e como começar a assumir o controle. Examinar o condicionamento adquirido no passado é um bom começo para entender os padrões de interpretação do mundo e do seu lugar nele que foram estabelecidos em seu cérebro. Agora, veremos como esses padrões moldam temas e conceitos que controlam e limitam sua vida hoje, de modo que eles deixem de afetá-lo no futuro.

Confira seus autolimites

Você já examinou os fatores em sua infância e em sua família que influenciam os padrões de pensamento negativos que você tem. A próxima fase é explorar mais ainda as crenças que o limitam e, particularmente, a influência e a relevância dessas crenças em sua vida atual.

I. Pegue uma página em branco do seu diário e divida-a em três colunas. Na primeira coluna, faça uma lista de até seis crenças limitadoras que você tem em relação a si mesmo. Provavelmente serão histórias que você repete para si ou para outras pessoas próximas, de modo a explicar ações ou respostas que você considera vergonhosas ou improdutivas. Exemplos incluem: "Não sou uma pessoa criativa" ou "Acho difícil conhecer pessoas". Se você achar esse processo difícil, tente completar frases que comecem com "Eu não sou..." ou "Eu não consigo...".

2. Agora, pegue cada frase e se pergunte: "Quais são as evidências que tenho para acreditar nisso?". Escreva essas "afirmações corroborativas" na segunda coluna, ao lado da autolimitação original.

3. Na terceira coluna, liste as evidências contra a afirmação feita. Ela é "verdadeira", de um ponto de vista objetivo? Use suas experiências passadas para explorar essa afirmação de forma extensiva. Considere que provas você tem (se tiver) e como você poderia olhar para essas "provas" de uma maneira mais cética.

4. Agora se pergunte qual é a utilidade dessas crenças para a sua felicidade.

Considere o que essas crenças acrescentam à sua vida e como elas afetam seu comportamento e sua felicidade. Você quer manter essas crenças sobre si mesmo? Se não quer, você não tem como se livrar delas? O que o ajudaria a iniciar esse processo? Pense novamente em sua intenção ou objetivo de longo prazo e visualize como a mudança dessas crenças poderia afetar a sua capacidade de atingir esse objetivo.

Depois desse exercício, certifique-se de separar um tempo merecido para se energizar e fazer algo que você aprecie, só pra você. É difícil encarar críticas tão profundas e explorá-las de mente aberta. Você é capaz de identificar os amigos e parentes que fazem com que você se sinta bem? Você planeja vê-los em breve?

Esse pode ser um bom momento para esboçar em seu diário uma lista de coisas que você ama em si mesmo. Pode ser algo como "amo minha independência, minha criatividade, minha gentileza, minha vulnerabilidade". Leia sua lista para se amar regularmente e para se lembrar, sempre que elas surgirem em sua cabeça, de que você rompeu com as crenças autolimitantes. Inclua em seu arsenal essa técnica de contestar seu próprio pensamento, até o momento em que ela vier naturalmente à sua mente – e esse momento chegará.

Conforme você avança pelos passos, pode sentir como se estivesse caindo em uma mentalidade de escassez ou começando a sintonizar monólogos internos negativos. Caso isso ocorra, volte à sua lista e obtenha conforto e confiança a partir dela.

Reinterpretando fracassos

Com muito mais frequência do que nos damos conta, o que enxergamos como fracasso ou vulnerabilidade acaba sendo um dos indicadores mais importantes de transformação e sucesso em nossas vidas. Inclusive, porque julgamos a nós mesmos com muito mais rigidez do que julgaríamos outras pessoas. Seja a reprovação em um exame ou a demissão de um emprego que tenham levado a uma mudança bem-sucedida de carreira, seja um relacionamento rompido porque era hora de seguir adiante, nós nos precipitamos a considerar a natureza inesperada dessas ações como indicadora de que fracassamos, em vez de a encararmos como parte do processo contínuo de seguir adiante e progredir.

Em momentos assim, cultive o Princípio retornando aos passos básicos e se concentrando apenas no que você pode aprender com esses "erros". Os únicos erros de verdade, é claro, são aqueles com os quais não aprendemos.

Experimente alternativas que você não considerou antes. Certifique-se de começar a fazê-lo em ambientes de baixo risco, que não prejudicarão o seu trabalho nem seus relacionamentos. Assim que você tiver a impressão de que uma nova abordagem não funcionará no momento, arquive-a e vá para a ideia seguinte, lembrando que a primeira pode vir a ser útil depois. Ideias que não são uma opção no presente podem funcionar no futuro.

A ideia de "falhar logo" é muitas vezes defendida por empreendedores e companhias tecnológicas de sucesso, como Netflix e Facebook. Descubra maneiras de incluir em sua lista de opções uma ideia que é como uma carta curinga. Isso pode envolver coisas simples, como tentar um novo corte de cabelo ou um novo par de óculos em vez do seu visual tradicional, passar algum tempo com pessoas criativas se você estiver em um ambiente bastante corporativo (ou vice-versa), convidar uma amiga para um espetáculo de arte imersivo ou para uma caminhada em vez do café de sempre e assim por diante.

Crie uma lista de realizações

Em seu diário, faça uma lista de tudo a que você já aspirou. Isso inclui papéis como os de esposa/esposo ou de mãe/pai, qualidades como "ter uma voz" ou se expressar criativamente, feitos como obter riquezas ou sucesso em sua área de atuação. Sublinhe todos os objetivos que você tiver conquistado. Olhe para as palavras e sinta-se preenchido por uma sensação de conquista vinda das aspirações realizadas até o momento.

Talvez haja algumas coisas em sua lista que você desejou realizar por tanto tempo que nem parou para reconhecer o fato de que já as realizou. Reconheça-as, como: "eu sou uma madrasta amada e carinhosa" ou "eu montei um negócio estável e bem-sucedido". Alternativamente, assegure-se de incluir realizações que não estavam na sua lista de metas, mas que ainda assim mostram sua resistência, capacidade, competência e determinação.

Comece uma lista de gratidão

Separe duas páginas em seu diário e escreva "MINHA VIDA ABUNDANTE" em letras pequenas, mas todas maiúsculas, no centro do par de páginas. Ao longo dos próximos meses, conforme seus novos hábitos se assentam, preencha essa página com todas as coisas pelas quais você se sente grato. Alimentar uma atitude de gratidão deixa o Princípio configurada para a abundância. A Lei da Atração vem junto se você acreditar que já tem as coisas que deseja. Aumentar essa lista de gratidão em seu diário é uma boa forma de deixar seu cérebro condicionado a perceber quando coisas boas acontecem. Adicione itens a essa lista sempre que puder – você pode fazer disso parte de sua rotina diária com o caderno.

A cada momento, em vez de deixar passar uma centelha de reconhecimento e realização ou um prazer passageiro em nome da jornada pelo que vem a seguir, pare para sentir-se grato pelas outras pessoas, pelas circunstâncias ou "serendipidade" e também por suas próprias qualidades. Isso ativará o sistema de atribuição de valores em seu cérebro e tornará as realizações positivas e os pensamentos felizes mais fáceis de lembrar no futuro. Fazer isso regularmente o deixará sintonizado com a abundância.

Escreva em seu diário

Para obter o benefício máximo do plano de quatro passos, você precisará escrever todo dia em seu diário a respeito de seus pensamentos e de suas reações a eventos e pessoas em sua vida. Você não precisa escrever relatos longos, mas busque ser honesto e aberto em relação a suas emoções, motivações e comportamentos.

Hoje à noite, antes de dormir, passe alguns minutos escrevendo pensamentos sobre seu dia. Depois, anote em cada dia três ações positivas que você realizou e que ajudem a cultivar o Princípio e a criar seu futuro ideal. Podem ser coisas tão pequenas quanto você desejar; exemplos incluem fortalecer sua inteligência emocional ao pensar em um problema sob a perspectiva de outra pessoa, realizar uma caminhada com atenção plena ou ler um romance em vez de ficar no celular depois do jantar.

Você também pode começar a anotar coisas que o fazem sentir-se ou energizado ou distraído e esgotado. Comece a explorar sua forma de pensar buscando estratégias alternativas para seus obstáculos mais comuns, como: "Da próxima vez que um relacionamento fizer com que eu me sinta mal em relação a mim mesmo, ou da próxima vez que eu cometer um erro no trabalho, eu vou fazer x em vez de repetir o que fiz no passado". Você também pode pensar sobre os "microfracassos" que ocorreram durante o dia: coisas que deixou de dizer, indelicadezas que você permitiu, distrações que tomaram o controle. O que você pode fazer de diferente na próxima vez? Dê uma sacudida em seu piloto automático e questione suas configurações-padrão. Canalize a versão ideal de como você quer que as coisas corram no dia seguinte.

Toda semana, você também deve escolher e anotar no diário três metas para aquela semana. Escolha um objetivo de relacionamento (romântico ou não), um de trabalho e um de desenvolvimento pessoal. Eles devem ser passos pequenos e factíveis na direção de seus objetivos mais amplos e de longo prazo. Você já tem ideias sólidas sobre quais devem ser seus objetivos maiores e o restante deste livro o ajudará a desenvolver essas ideias ainda mais. Alguns exemplos de microdesafios para você estabelecer semanalmente são:

- **Relacionamentos:** esforçar-me para escutar mais ativamente meus colegas ou meu parceiro. (Objetivo maior: desenvolver minha inteligência emocional e minha empatia, de modo a fortalecer relacionamentos importantes.)
- **Trabalho:** falar mais enfaticamente sobre minhas ideias ou procurar possíveis mentores. (Objetivo maior: começar meu próprio negócio.)
- **Desenvolvimento pessoal:** comprometer-me a repetir todo dia uma afirmação nova que alimente minha autoestima. (Objetivo maior: acabar com autocríticas e ser confiante e feliz com minhas escolhas de vida.)

Depois que você tiver sentido o benefício dessas mudanças menores, estará propenso a avançar mais ainda no futuro – e a tomar decisões mais ousadas em relação a sua casa, trabalho e meios de transporte. Faça perguntas importantes: devo me mudar ou sair do aluguel e comprar um imóvel próprio? Devo considerar sair do meu emprego, trabalhar em casa ou me mudar para mais perto do trabalho?

Conforme você avança por esses passos restantes e começa a visualizar seu futuro ideal, suas respostas a algumas dessas perguntas começarão a se formar. Seu diário o ajudará a mapear essa jornada e a explorar as diferentes possibilidades para sua vida. Use-o.

O PRINCÍPIO

Lista de verificação da atenção elevada

Você:

- completou os exercícios "Conheça seus fantasmas, mude seu destino" e "Confira seus autolimites" (p. 181 e 183, respectivamente) e preencheu seu diário com os resultados;
- criou uma lista de realizações e começou sua lista de gratidão;
- escreveu no seu diário todos os dias e identificou três metas para a semana.

A essa altura, você deve estar transbordando energia positiva e concentrado em todas as coisas de que gosta em si mesmo. Essa é uma ótima oportunidade para eu fazer com que você trabalhe em seu quadro de ações, que é o próximo passo no processo.

Capítulo 13: Passo 2 – o quadro de ações

> "[O crédito pertence] àquele que, no melhor dos casos, conhece no fim o triunfo de grandes conquistas e que, no pior dos casos, se falhar, falha com grande ousadia, de modo que seu lugar nunca seja junto às almas frias e tímidas que desconhecem a vitória e a derrota."
>
> THEODORE ROOSEVELT

Agora é hora de montar seu quadro de ações. Eu gostaria que você passasse uma semana montando seu quadro, pois esse é um processo que se beneficia de períodos repetidos de atenção. É importante dedicar seu tempo para criar um quadro que lhe pareça autêntico, que o inspire e que seja um reflexo fidedigno de seus desejos mais profundos. Não é algo que se deve apressar ou ser montado de forma corriqueira com imagens positivas aleatórias das quais você gosta; o quadro deve lhe causar uma sensação de identificação mais profunda em relação ao que suas imagens representam, agora e no futuro.

O que é um quadro de ações

Um quadro de ações é uma colagem que representa tudo a que você aspira. Muitas vezes chamado de "quadro de visualizações", eu prefiro o termo "quadro de ações", porque buscamos criar algo que vai nos inspirar e que se materializa no futuro por meio de nossas ações, em vez de um mero veículo para nossos sonhos de segundas casas em outras cidades e muito dinheiro. Precisamos combinar o desejo positivo com energia e ação emocionalmente intensas.

Criar um quadro de ações envolve identificar seus sonhos mais profundos e representá-los pictoricamente. Porém, como já mencionei, isso não quer dizer que depois você se acomoda e espera as coisas acontecerem – espera o dinheiro chegar, seu parceiro ideal surgir ou seu porte físico ou sua autoimagem corporal mudarem radicalmente num passe de mágica. Você cria um quadro de ações para condicionar o seu cérebro a captar qualquer oportunidade que o deixe mais próximo das coisas que você identificou querer em sua vida. Além disso, você também usará o quadro para agir de modo a tornar esses sonhos realidade. Por exemplo, se a perda de peso ou a obtenção de um porte físico em particular estiverem em seu quadro, uma imagem relativa a isso atuará como um lembrete para encorajá-lo a ir para a academia, praticar ioga ou alterar sua dieta.

Os itens que parecem estar mais fora de seu controle – como se casar, ter um filho ou ser considerado para uma promoção – ficarão mais palpáveis depois que você começar a cumprir os itens da sua lista de afazeres mais imediatamente factíveis. Gosto de pensar nisso como um sistema de previdência, no qual o seu retorno é proporcional ao seu investimento inicial. Você deve usar isso de forma ativa, não passiva: seu futuro visualizado deve inspirar ação agora!

Mencionei ao longo do livro que o quadro de ações é uma parte importante do processo de conduzir o poder total do Princípio e de mobilizar sua mente para visualizá-lo e criá-lo. Nas próximas páginas, seguiremos o processo de criação do seu quadro, com sugestões de como escolher imagens que serão "símbolos" mais eficazes para a vida que você quer construir. Também veremos como usar seu quadro já completado de forma a se obter o máximo de resultado. Agora, é hora de começar.

Ao longo deste livro, convidei-o a coletar imagens para usar no quadro, pois quadros de ações são ferramentas incrivelmente poderosas, uma vez que as imagens vão diretamente aos centros visuais do cérebro, independentemente do pensamento consciente, o que significa que o sistema de filtragem do cérebro não é capaz de descartá-las ou ignorá-las. Elas têm um caráter emotivo e simbólico, inspiram energia e ação no mundo real. Comparativamente a uma lista escrita de "metas pessoais" ou até mesmo a uma lista de afazeres, um quadro de ações terá um impacto muito maior em seu cérebro e em seu comportamento futuro. A princípio, fazer um quadro de ações pode parecer estranho e até um pouco bobo, mas a visualização e a criação de quadros de ações são habilidades com as quais você se sentirá mais à vontade ao longo do tempo, conforme as repetições estabelecem e fortalecem as vias cerebrais relativas a essas atividades.

Neste capítulo, mostrarei como criar seu próprio quadro de ações, que representará suas esperanças e seus sonhos pelos próximos doze a dezoito meses e ajudará a condicionar o Princípio a se esforçar em fazer com que eles se realizem. Posso prometer que essa experiência mudará a sua vida, mas também deixo claro que, às vezes, ela pode ser lenta, frustrante e parecer carente de direcionamento. Quando a situação parecer penosa, volte ao fundamento da paciência que mencionamos nos Capítulos 1 e 9. Sua habilidade de lidar com esses altos e baixos diz tanto sobre você quanto aquilo que você coloca em seu quadro.

Meus quadros de ações

Quadros de ações compõem um elemento-chave dos meus próprios hábitos, e espero que você sinta os seus benefícios em igual medida. Levei sete anos para chegar a um quadro de ações que parecesse totalmente perfeito para minha vida e que me mantivesse motivada (com algumas atualizações), portanto, a paciência é crucial. Tive pequenas vitórias ao longo da jornada, mas houve um quadro de ações que fiz em 2015, referente ao ano de 2016, que definiu um momento de virada nesta vida e inclusive me levou a escrever este livro.

Dez anos atrás, eu estava começando a organizar a minha prática profissional como freelancer, então fazia sentido incluir no meu quadro uma meta de quanto dinheiro eu queria ganhar. Kate, uma colega coach com a qual eu frequentemente trabalhava no norte da Inglaterra – nós ficávamos em hotéis péssimos e pegávamos os trens de ida e volta fora do horário de pico –, encorajou-me a estabelecer uma meta maior do que simplesmente aquela referente ao que eu precisava ou achava ser alcançável. Sugeriu que eu quase dobrasse a quantia que eu havia estabelecido. Achei que ela estava sendo otimista demais e que eu provavelmente não conseguiria chegar ao número com o qual concordamos, mas certamente seria ótimo se eu conseguisse. E, vejam só, no ano seguinte, o número que ela sugeriu foi exatamente o que eu tinha ganhado.

Certa vez, escolhi para o quadro um anúncio de página inteira que continha um cavalo belo e lustroso levantando água do chão com seu galope: queria que meu negócio fosse uma entidade forte e estável que rompesse com o pensamento convencional. Naquele ano, eu deixei de ser freelancer para montar uma empresa de sociedade limitada, passei a ter uma equipe em vez de trabalhar sozinha e depois me tornei professora na MIT Sloan School of Management, autora premiada e a primeira neurocientista oficial do Corinthia Hotel, em Londres. Também havia demanda suficiente por minhas ideias de pensamento de liderança para que eu frequentemente viajasse pelo mundo – agora em grande estilo – para falar em conferências. Esses últimos acontecimentos eu jamais teria imaginado quando escolhi aquele cavalo!

Por fim, dei-me conta de que havia me jogado no trabalho como uma estratégia de fuga da instabilidade emocional causada por meu divórcio. Em 2014, coloquei um coraçãozinho no meu quadro de ações que, fora isso, estava concentrado em negócios e viagens. Estava tudo ótimo na superfície, mas no fundo eu ainda não estava pronta para amar e estava definitivamente vivendo no passado.

No final de 2015, eu havia revolucionado minha mentalidade com uma combinação de introspecção, um retiro de ioga, uma "desintoxicação" digital prolongada, uma "faxina" de pessoas negativas na minha vida e o ato de seguir minhas próprias descobertas de pensamento abundante e visualização. Em dezembro, comecei um quadro de ações completamente novo para 2016, com um forte senso de propósito. Antes disso, eu às vezes simplesmente complementava o quadro do ano anterior, mas dessa vez eu joguei fora o quadro antigo. Coloquei um anel de noivado no canto superior esquerdo e a frase de um anúncio de revista no centro (raramente uso palavras, mas às vezes o faço quando me identifico com elas pra valer) que dizia: "A alegria vem quando menos se espera".

Em fevereiro de 2016, conheci meu atual marido, em um voo de Johanesburgo para Londres. Tenho certeza de que conhecer alguém nos ares conta como "quando menos se espera"... Ele me pediu em casamento nove meses depois. Ambos éramos pessoas que haviam decidido nunca mais se casar novamente – e que, de fato, não o fizeram por nove e dezessete anos, respectivamente. Ele alega (para qualquer

O PRINCÍPIO

um disposto a ouvir!) que encontrou o amor verdadeiro pela primeira vez no outono de sua vida. Ao testemunhar e partilhar de sua alegria sem reservas, sei que há esperanças de que qualquer um, em qualquer idade, pode alcançar suas vontades mais profundas e sinceras.

Como começar

Um quadro de ações será a manifestação definitiva do condicionamento de seu cérebro, de modo que ele delineie sua vida. O fato de você o criar com as próprias mãos e o visualizar todos os dias ao vivo e em cores ativa várias vias em seu cérebro (táteis, visuais, emocionais, intuitivas e motivacionais), enviando-se a elas a mensagem central do que você realmente deseja com muito mais potência do que simplesmente ler uma lista ou pensar sobre seus objetivos de vez em quando. Usar o conceito da atenção seletiva (ver p. 46) combinado com a neuroplasticidade da mudança de comportamento gera resultados.

Você pode criar seu quadro de ações em qualquer coisa: de um caderno A4 em papel-cartão a um mural do tamanho de um pôster. Após escolher o artefato no qual criará o seu quadro, você só precisará de uma pilha de revistas ou outras fontes para imagens, tesoura e cola. Você pode procurar imagens na internet, mas selecioná-las mediante o poder do toque, por assim dizer, é uma atividade mais poderosa. Mesmo depois de achar que encontrou todas as imagens de que precisa, folheie novamente as revistas ou providencie algumas novas. Esse processo é melhor quando feito sem pressa, permitindo que você se distancie temporariamente e se oriente para fazer ajustes finos. Para gerar um impacto realmente potente nos centros visuais do cérebro, sugiro que você use apenas imagens e talvez números, evitando as palavras (obviamente, se encontrar uma frase ou citação com a qual se identifica muito, você deve usá-la). Uma exceção é o montante exato de dinheiro que você gostaria de ganhar: se isso for importante para você, o valor deve aparecer em números garrafais em seu quadro de ações.

É uma boa ideia usar pelo menos algumas representações metafóricas do que você quer conquistar em vez de apenas representações diretas ou exemplos concretos. Por exemplo, se você quer mudar de

195

casa, imagens de decoração interior fazem sentido, mas, para ativar as partes emocionais e inconscientes do seu cérebro junto às partes lógicas e conscientes, é possível usar imagens menos literais. Assim, você pode usar a imagem de um balão para lembrar-se da importância de estar livre de amarras ou a de uma personalidade com a qual você se identifica para lembrar-se das suas melhores qualidades.

Imagens metafóricas são bastante potentes, pois enviam uma mensagem ao seu inconsciente, permitindo que você use a abstração e a atribuição de valores para notar e se agarrar a oportunidades que teria perdido de outra forma. Assim como às vezes você sonha com símbolos, seu inconsciente cria metáforas para interpretar suas experiências e pensamentos, de modo que você pode direcionar seu inconsciente com imagens, particularmente quando elas não são literais. Imagens metafóricas também tornam seu quadro de ações mais privado e menos óbvio, o que pode deixá-lo mais confortável com a ideia de colocá-lo em uma posição de destaque em sua casa.

Deixe seu instinto tomar as rédeas

Para começar a fazer seu quadro de ações, pegue o conjunto de imagens que você separou e agrupe-as no chão ou na sua escrivaninha de acordo com temas. Em seguida, usa sua intuição para começar a colocar algumas dessas imagens no seu cartaz (de forma aproximada, sem as colar ainda). Coloque as coisas mais importantes para você no centro e/ou perto do topo do quadro. Agrupe imagens em áreas do quadro de acordo com aquilo a que se relacionam: trabalho, amor, saúde, viagens etc. Você pode manter as diferentes áreas da vida fisicamente separadas no quadro ou garantir que elas estejam conectadas de alguma maneira que pareça certa. Reflita se você quer mais espaço em sua vida e, em caso positivo, certifique-se de que seu quadro não está lotado.

Depois que você tiver completado seu primeiro esboço do quadro, olhe para ele como um todo. Distancie-se e dê um tempo antes de voltar a ele. Ao retornar, tire do quadro todas as imagens que não parecerem certas, mesmo se forem imagens específicas que o atraíram na primeira vez que você as viu. Agora, repasse todas as revistas novamente e veja se há imagens que você não notou na primeira vez, mas que agora o atraem. Encontre um lugar para elas em seu quadro. Depois de terminar seu segundo rascunho, deixe-o em um lugar seguro (à prova de golpes de vento, de animais de estimação e de crianças!) por pelo menos 24 horas.

Um dia depois, ou na próxima oportunidade que tiver, examine seu quadro, faça quaisquer mudanças finais que desejar e, em seguida, prepare-se para torná-las permanentes! Você talvez queira mostrar o quadro a alguém de confiança antes de imortalizá-lo, pedindo à pessoa que questione algumas coisas contidas nele com perguntas do tipo "Você quer *mesmo* isso?", "Você está pedindo o tanto que merece?" ou "Há qualquer outra coisa que você pode ter esquecido?". Quando você estiver certo de que respondeu a todas essas perguntas, cole todas as imagens no quadro e, em seguida, encontre o lugar perfeito para ele.

Onde colocar seu quadro de ações

Seu quadro de ações precisa ser colocado em um lugar altamente visível, de modo que você o veja pelo menos uma vez por dia. Os melhores lugares incluem ao lado da cama, assim você o visualiza toda noite antes de ir dormir, e dentro do armário, assim você depara com ele toda manhã enquanto se veste (essa é uma boa opção se você mora em um ambiente compartilhado e não quer que as outras pessoas o vejam). Se você sentir orgulho do seu quadro, é melhor deixá-lo exposto e não ter nada a esconder, mas isso nem sempre é possível ou preferível.

Um motivo particularmente bom para colocar seu quadro de ações ao lado da cama é que você pode olhar para ele logo antes de cair no sono de noite. O estado transicional entre vigilância e sono é conhecido como "hipnagogia". Fenômenos mentais como "sonhar acordado" ocorrem durante essa "consciência fronteiriça", deixando-o particularmente sugestionável nesse momento. Se você prestou atenção deliberada a uma atividade repetitiva pouco antes de ir dormir – especialmente se for algo novo para você –, ela tende a dominar o imagético de seus sonhos. É o que conhecemos como "efeito Tetris" (seu nome é uma referência ao jogo eletrônico dos anos 1980, e ele ocorre quando pessoas dedicam tanto tempo e atenção a uma atividade que ela começa a formar padrões em seus pensamentos, imagens mentais e sonhos), uma maneira adicional de gravar em seu inconsciente as coisas que você deve buscar ao longo do dia.

Aproveite o fato de que um elemento de novidade cria um efeito mais poderoso no cérebro e, antes de apagar a luz e dormir, olhe para seu quadro de ações deliberadamente, usando um mantra, uma frase (ver p. 220 e 221) ou simplesmente dizendo em voz alta o que as imagens metafóricas representam. Faça isso com frequência durante o primeiro mês de uso do quadro. Depois disso, deixe que as imagens atinjam seu inconsciente num relance.

Se você deseja manter o quadro em um lugar privado, mas ainda assim quer vê-lo regularmente, uma ideia é fotografá-lo com seu smartphone e torná-lo seu protetor de tela. Pode-se fazer e guardar um quadro de ações on-line usando-se alguma plataforma digital, como o Pinterest, e salvá-lo como um álbum privado que você pode olhar em seu telefone ou tablet com frequência. Contudo, você terá que fazer um esforço extra para garantir que ele seja suficientemente visto e possa exercer sua magia sobre suas vias cerebrais.

Quando criar um quadro de ações

O melhor momento para começar um quadro de ações, é claro, é agora! Seu aniversário ou o Ano-Novo são outras datas óbvias, assim como o início de um novo projeto, de uma nova fase de sua vida ou de seu ano acadêmico. Se você nunca faz um quadro antes – ou não faz há algum tempo –, comece agora e utilize-o até o fim deste ano ou do ano que vem; depois disso, escolha um período regular de aproximadamente um ano para atualizá-lo ou fazer um novo.

Seu quadro de ações não necessariamente precisa se manter estático durante o ano inteiro, mas, pessoalmente, eu acho que leva cerca de um ano para que a maioria das coisas vire realidade – para que suas vias cerebrais se fortaleçam, direcionando seu comportamento de modo a criar essa nova realidade para você. Entre um quadro e outro, você deve encontrar um equilíbrio entre paciência e determinação.

Quadros de ações na prática

Depois que você tiver criado seu quadro de ações e o tiver utilizado até suas imagens se estabelecerem em sua psique, ele passará a atuar como um direcionamento visual que acompanha as listas em seu diário – tanto a dos objetivos que você mais quer alcançar como as anotações diárias dos três passos que você realizou a cada semana para chegar lá. Cada vez que você revisa seu quadro e depara com algo que agora é uma realidade em sua vida, adicione esse item a sua lista de realizações. Veja essa lista crescer e use-a como um guia para avaliar se você precisa reforçar, remover ou adicionar algo no quadro, dependendo de como seu ano está correndo.

Lista de verificação do quadro de ações

Você:

- criou um quadro de ações cheio de imagens que representam com precisão a vida com a qual você sonha;
- olhou para ele todos os dias e idealmente várias vezes por dia, para refrescar sua memória e permitir que as imagens atuassem sobre o Princípio;
- visualizou os itens em seu quadro se tornando realidade.

Capítulo 14: Passo 3 – atenção concentrada – a neuroplasticidade em ação

"O ato de prestar atenção contém um poder tremendo."
DEEPAK CHOPRA

Agora que você está começando a identificar os padrões de pensamento e comportamento que estão limitando o seu Princípio, você está pronto para começar a treinar novas formas de pensar. Uma das maneiras mais simples de se livrar de padrões antigos e criar novas vias neurais é ficar mais presente no momento e tornar-se mais capacitado a manter uma atenção concentrada. Porém, é mais fácil falar do que fazer. Por isso, esse será o objetivo deste passo, pois a presença é algo que você precisa praticar regularmente, e essa prática pode se dar de várias maneiras.

Também exploraremos mais a fundo o conceito de vida de abundância e como você pode se firmar nesse caminho rumo a um futuro mais reluzente e feliz.

O que é presença?

Ficar mais presente é o processo de trazer nossa atenção para experiências ocorrendo no momento atual. Pode-se desenvolver essa habilidade por meio da meditação, da atenção plena ou de outras formas de treinamento.

Eu prefiro pensar na presença como um modo de vida em vez de como práticas isoladas. Pessoalmente, considero que a atenção plena na hora de comer, caminhar e interagir com as pessoas é tão importante quanto práticas de atenção plena como a ioga e a meditação. Essa presença cotidiana muitas vezes é esquecida, e eu encorajo as pessoas a tornarem-na o foco de suas práticas de atenção plena, em vez de ficarem obcecadas em fazer meditação tradicional "do jeito certo". Dito isso, uma prática diária, mesmo que por alguns minutos, fará uma diferença radical em seu cérebro. Ao fim desta semana, você terá criado uma prática pessoal de atenção plena que pode realizar todo dia para cultivar o Princípio. Em breve, você sentirá a diferença.

Minha jornada rumo à presença

Eu comecei a me interessar pela meditação e pela atenção plena na casa dos trinta anos, quando estava cada vez mais desiludida com o trabalho e com a vida e me sentia sem direção e foco. Perdia minha atenção facilmente diante de qualquer distração e, no fundo, sabia que estava me afastando de quem eu realmente era e das ideias que queria defender. Eu já conhecia a atenção por conta da criação que tive: havia uma sala de oração em nossa casa, na qual meus pais rezavam e meditavam, acendendo incensos e sentando-se em silêncio ou realizando exercícios de respiração. Era uma prática diária para eles, mas eu nunca a havia tentado, pensando nisso como só mais uma das coisas "culturalmente diversas" que eles faziam. Mas, quando estava me aproximando dos trinta anos, passei a me lembrar disso mais e mais, conforme eu e meus amigos próximos ficávamos interessados em ioga. Às vezes, na aula de ioga, a instrutora falava sobre atenção plena, e às vezes eu lia uma ou outra entrevista de celebridades que a defendiam, mas eu me mantive na ioga, com uma meditação curta no fim de cada sessão.

Porém, conforme as evidências da neuroimagiologia chegavam a um ponto em que eu me via falando sobre meditação com atenção plena em bancos e fundos de investimentos, senti que deveria reunir experiência prática suficiente no assunto para poder orientar os outros. Apesar de ter praticado ioga regularmente por dez anos, tive que usar um aplicativo e fones de ouvido por nove meses antes de conseguir simplesmente sentar no metrô e me guiar por uma meditação de doze minutos. Agora, conduzo meditações guiadas nas minhas duas aulas na MIT Sloan School of Management e em outras oficinas com empresas.

Individualmente, há épocas em que medito por doze minutos quase todos os dias da semana (geralmente no metrô) e há épocas em que não pratico meditação formal por semanas (embora eu sempre busque ter atenção plena na hora de comer e me concentre na minha respiração sempre que preciso). Ao longo dos anos, percebi que é mais fácil recorrer à meditação quando estou muito cansada, com *jet lag* ou sob pressão, e que a prática que realizo quando tenho mais tempo me ajuda nos períodos de estresse. Considero que é uma maneira de preparar meu cérebro para o futuro sempre que posso, em vez de sentir culpa quando não consigo encontrar o tempo livre necessário.

Quando me sinto estressada por não conseguir achar tempo para as atividades, lembro-me da fantástica história de um monge que aconselhou a um executivo que meditasse uma hora por dia. Quando o homem respondeu que em períodos atribulados isso não seria possível, o monge simplesmente disse: "Nesses períodos, você deve meditar duas horas por dia". Entendo bem a ironia dessa história.

A ciência da presença

Quando você começa a se dedicar a ficar mais "presente", sente uma calma interior com rapidez surpreendente. Dentro dos primeiros dois ou três meses aumentando sua presença e adotando uma prática de meditação, você terá mudado fundamentalmente o seu cérebro, e isso é o efeito incrível da prática regular.

Do ponto de vista da neurociência, a evidência é clara. Estudos clínicos mostram os benefícios físicos e mentais trazidos pela atenção plena tanto em populações saudáveis como em pacientes com doenças como depressão, ansiedade, estresse, dependência química e estresse pós-traumático. Neuroimagens de pessoas que realizam meditação com atenção plena mostraram mudanças neuroplásticas significativas em seus cérebros.[51]

Uma prática consistente de meditação aumenta as dobras em nosso cérebro – e, portanto, sua área de superfície. Essas mudanças são situadas no córtice cerebral, a camada do cérebro responsável por processar e regular dados do mundo externo. Comprometer-se a dedicar à meditação alguns minutos todos os dias lhe dará uma nova clareza de perspectiva em relação àquilo e àqueles que são as verdadeiras prioridades em sua vida, auxiliando a regulação de seu cérebro de "nível elevado" (nas funções executivas) e aprimorando sua resiliência, deixando-o mais tranquilo e equilibrado em sua abordagem das vicissitudes do dia a dia. Se você quiser usar o potencial máximo do Princípio, a atenção plena deve ser adotada sem que pense duas vezes.

Quando estou trabalhando com pessoas de personalidade "tipo A", que desdenham de qualquer coisa que considerem "fofinhas", sempre menciono um estudo feito com o Corpo de Fuzileiros Navais dos Estados Unidos, que mostrava que aqueles que praticavam meditação com atenção plena por trinta minutos ao dia apresentavam mais resiliência depois de uma sessão de treinamento de combate estressante do que aqueles que não praticavam.

Um estudo posterior avaliou 320 fuzileiros navais que estavam se preparando para ir ao Afeganistão.[52] Metade do grupo recebeu um curso de oito semanas de atenção plena, incluindo deveres de casa e treinamento de interocepção (a habilidade de compreender os sinais do corpo que exploramos no Capítulo 7). Eles foram encorajados a desenvolver uma atenção mais aguda sobre as sensações corporais, como estômago embrulhado, alta frequência cardíaca e formigamentos na pele.

Parte do treinamento envolvia experiências de combate simulado, com situações encenadas ao vivo em uma vila afegã falsa, na qual atores faziam o papel de afegãos e situações de conflito realistas se desenrolavam. Durante e após o exercício, um time de pesquisadores monitorou a pressão arterial, a frequência cardíaca e a respiração dos fuzileiros com e sem treinamento de atenção plena, e registrou a reação neuroquímica de ambos ao estresse.

O grupo com treinamento de atenção plena permaneceu mais calmo durante e após o exercício, e reagia mais rapidamente a uma ameaça quando ela aparecia. Os cérebros dos fuzileiros foram observados mediante ressonâncias magnéticas, e elas revelaram que aqueles treinados em atenção plena apresentavam redução nos padrões de atividades relacionadas ao estresse nas regiões do cérebro responsáveis por integrar a reatividade emocional, a cognição e a interocepção. Em outras palavras: construir a conexão entre cérebro e corpo nos traz benefícios exponenciais tanto físicos como mentais. Esse é o cerne da liberação do Princípio.

Outros estudos mostram que meditar pelo menos doze minutos por dia produz um impacto significativo.[53] Quando as pessoas resistem à introdução de uma prática de atenção plena, eu sempre digo que compreendo a falta de praticidade de algumas das atividades de bem-estar que demandam tempo, mas que sinceramente não acredito que haja alguém que não consiga encontrar doze minutos em seus dias para fazer algo que pode mudar sua vida. A maioria das pessoas não discorda dessa afirmação!

Encontre um aplicativo

Eu desejo de verdade que a atenção plena passe de algo que você tem em sua lista de coisas a fazer para algo que você realmente deseja fazer em sua vida várias vezes por semana. Uma das formas mais fáceis de se fazer isso é encontrar um aplicativo de atenção plena que lhe agrade – assim você terá poucas desculpas para não se conectar e realizar a prática no horário do dia que você achar mais favorável à sua rotina.

Tente alguns aplicativos de atenção plena variados. Há vários por aí (como Calm, Headspace e Buddhify), mas é necessário ir experimentando para encontrar aquele que é o melhor para você. Se tiver pouco tempo, encontre uma lacuna de "tempo morto" que possa utilizar – o transporte público é ideal para isso. Não se preocupe demais com o tempo que você gasta meditando, pois estudos mostram que a frequência – e não a duração – é o fator definitivo; portanto, dez minutos todo dia provavelmente trarão mais benefícios do que sessões mais longas, mas intermitentes.[54]

Linda: uma intervenção simples

Às vezes, simplesmente escutar uma música calma pode ter um efeito similar a meditar, pois isso nos força a dedicar nossa atenção concentrada a um de nossos sentidos.

Eu tinha uma cliente, Linda, que estava tão estressada no início de uma sessão de coaching que sua agitação era visível. Para piorar, ela falava numa velocidade desenfreada. Eu sabia que precisava ajudá-la a alterar seu estado emocional naquele momento, então pedi a ela que escutasse um pouco de música clássica no meu telefone por três minutos, de olhos fechados. Ao fim desses três minutos, ela suspirou e disse que se sentia muito mais calma, e de fato parecia mais presente. Disse-lhe que escutar música era algo que ela podia facilmente fazer entre uma reunião e outra, como forma de trocar de tarefas e como um momento de atenção plena.

Linda também sugeriu que podia levar sua caneca favorita ao trabalho e fazer um chá de ervas para saborear durante a reunião seguinte, em vez de beber café entre reuniões e alimentar mais ainda sua ansiedade e indecisão. Embora fosse uma ação pequena e simples, encher a caneca todo dia assentava sua mente e a fazia lembrar-se de casa. Tornou-se um hábito diário de autocuidado e um lembrete para que Linda fizesse uma pausa.

Desenvolver uma prática de atenção plena nos permite silenciar o ruído ao redor do nosso cérebro. É como se apertássemos um botão de pausa, que acalma nossas emoções e pensamentos e permite que meditemos a partir da perspectiva da abundância. Uma coisa é compreender de forma abstrata os benefícios da vida com atenção plena, mas você precisa experimentá-la para entendê-la de fato.

Varredura corporal

Enquanto pensamos sobre atenção plena e presença, retornemos ao exercício de varredura corporal praticado na página 133. Recomendei ao leitor tentar fazer esse exercício diariamente por uma semana e anotar os resultados. Se você ainda não tentou fazer isso, comece agora, pois lhe permitirá ficar imediatamente mais presente em seu corpo.

Houve áreas nas quais você percebeu certa tensão? Houve um lado do seu corpo que pareceu mais relaxado que o outro? Você conseguiu deixar a tensão de lado quando tentou fazê-lo conscientemente? Anote em seu diário como você se sente após a varredura durante a semana.

> Ao longo do tempo, examine os sinais que seu corpo está enviando de que você precisa cuidar mais de si mesmo, como dores ou incômodos, baixos níveis de energia ou problemas de pele. Quanto mais você praticar a varredura corporal, mais frequentemente estará em sintonia com seu corpo no resto do tempo. Ao fazer esse exercício, você começará a construir uma conexão silenciosa e constante entre mente e corpo.

Deleite-se com seus sentidos

Além das práticas de atenção plena, praticar ioga por trinta a noventa minutos em casa ou em uma aula seria uma excelente adição a uma rotina de atenção plena, devido à conexão entre cérebro e corpo que ela cria. Porém, se for trabalhoso alocar tempo para isso em sua vida, escolha dois ou três momentos nos quais você pode apenas "ficar plenamente presente no momento" e escreva sobre eles em seu diário para torná-los um evento.

A estimulação sensorial é uma ótima forma de fazer seu cérebro voltar-se novamente para a presença com atenção plena quando você se sente exausto ou distraído. Entre as formas fáceis e agradáveis de sintonizar seus sentidos, de modo a enriquecer sua vida e torná-lo mais calmo e alegre, há as seguintes:

- Fazer uma caminhada com atenção plena e observar as cores do céu, das folhas e das flores.
- Saborear com gosto sua xícara de chá.
- Evocar um aroma favorito de sua infância na sua casa atual.
- Introduzir novas texturas e padrões em sua decoração ou em suas roupas.
- Escutar músicas evocativas ou fazer uma aula de spinning ou de dança meditativa (como a 5Rhythms), reestabelecendo o contato com seu corpo.

Você saberá o que é mais apropriado para você e o que pode se adequar à sua vida – talvez seja algo simples, como comprar um buquê de flores toda semana para deixar em sua mesa, trazendo cor, aroma e um sorriso durante o trabalho. Busque duas ou três maneiras de reavivar seus sentidos durante a semana.

O senso de novidade e experiências sensoriais, especialmente aquelas que são imersivas e libertam o modo de divagação mental do seu cérebro, estimulam a rede de modo-padrão que exploramos nas páginas 65 e 66.

Tudo que encoraja o pensamento abstrato vai aumentar as chances do Princípio de captar oportunidades que, de outro modo, talvez passassem batidas, enquanto você estivesse ocupado com os hábitos de pensar e analisar as situações exaustivamente.

Viva sua intenção

Até o momento, concentramo-nos na atenção plena como uma ferramenta poderosa para introduzir mais neuroplasticidade a nossas vidas diárias; e ela é de fato uma experiência transformadora depois que você a compreende. Agora, olhemos novamente para suas intenções e metas e, com uma mentalidade de abundância, planejemos como dar vida a elas.

Roteiro para a abundância

Este exercício de três colunas resultará em ações que devem se tornar parte de sua rotina semanal. Para que ele funcione, você deve fornecer a si mesmo um fiscal que lhe cobre a responsabilidade de fazer as mudanças acontecerem. Isso deve ser feito por meio de seu diário, de um aplicativo ou mediante atualizações regulares da situação a um bom amigo ou ao seu parceiro.

Comece fazendo um *brainstorming* a respeito de quais acontecimentos futuros seriam ideais, com base na sua intenção estabelecida e em suas descobertas até o momento. Por exemplo, você pode decidir que, em seu futuro ideal, você:

- sente-se confortável em relação à vida e não deixa que dúvidas o limitem;
- está saudável, feliz e no controle;
- tem seu emprego dos sonhos ou fundou o próprio negócio;
- conheceu seu parceiro ideal e vocês dois estão formando uma família.

O PRINCÍPIO

I. Encontre algumas folhas de papel grandes (como um bloco de cavalete) e canetas de diversas cores. Isso funciona melhor em uma folha grande do que em seu diário, mas você pode anotar os resultados nele depois. Decida qual forma você gostaria que seu futuro ideal adotasse e escreva uma frase relativa a isso no topo da primeira página. Isso estará atrelado à sua intenção, e você também pode adicionar outros aspectos de sua vida. Exemplos de frase incluem: "Estou feliz com um relacionamento cheio de amor e comprometimento", "Sou frequentemente convocado para dar palestras em eventos e me sinto confiante ao fazer isso" ou "Transformei meu hobby em um negócio de sucesso".

2. Agora, divida o resto da página em três colunas. O título da primeira coluna é "OBSTÁCULOS" (não leia ainda o nome das outras duas colunas até ter completado esta). Nessa coluna, liste todas as possíveis barreiras entre você e seu estado ideal. Esforce-se de verdade para preencher pelo menos uma página inteira e, se possível, utilize uma segunda página. Isso é muito importante, pois, se você não listar todos os obstáculos possíveis ao seu sucesso, o exercício não será tão eficaz quanto poderia ser. Obstáculos podem incluir coisas como não ter tempo suficiente, não ganhar dinheiro suficiente, ser tímido demais, a própria ideia ou sensação de que o objetivo é trabalhoso demais, estar ocupado demais ou ter baixa motivação.

3. O título da segunda coluna é "AFIRMAÇÃO CONTRÁRIA". Nela, escreva o completo oposto de tudo que foi listado na primeira coluna — mesmo que a afirmação resultante jamais seja verdadeira. Dependendo daquilo que estiver na sua primeira coluna, pode haver frases como: "Tenho todo o tempo do mundo", "Tenho dinheiro ilimitado", "Não me importo com o que os outros pensam", "Seria fácil e divertido", "Essa atividade é minha prioridade absoluta" etc. Seja audacioso e se divirta com essa coluna, já que você não tem nada a perder — o que estiver aqui será usado na terceira coluna, dando a você mais opções para aquilo que

seu cérebro é capaz de fazer ao se libertar das barreiras que limitam seu potencial.

4. O título da terceira coluna é "O QUE FAREI DE DIFERENTE". Aqui, você deve listar atividades realistas e cotidianas que resultariam das afirmações da segunda coluna, caso elas fossem verdade. Isso pode incluir ações físicas, pensamentos ou interações com outras pessoas. Alguns exemplos possíveis são: "Arranjo tempo para marcar três encontros por semana", "Pago alguém para atualizar profissionalmente meu currículo", "Passo mais tempo com meus amigos e tenho confiança para pedir a eles que me apresentem a outras pessoas", "Crio um site para divulgar meu nome" ou "Invisto em um novo conjunto de roupas para encontros românticos".

5. Por fim, agrupe os conceitos da terceira coluna em temas. Depois disso, escolha duas ou três ações para começar; escolha ações que você pode começar a realizar hoje mesmo, como fazer contatos e liberar horários para se dedicar a seu objetivo ou à sua lista de gratidão. Remova suas barreiras, amasse-as e jogue-as fora. Anote suas descobertas e conclusões em seu diário.

Visualização baseada em evidências

O próximo exercício desenvolve a gênese da sua melhor versão possível – ou o seu "eu" em um dia bom – e é baseado em uma pesquisa realizada na Universidade Nacional de Singapura.[55] Ao contrário do que achávamos, nem todas as técnicas de visualização e meditação produzem o mesmo efeito na mente e no corpo. Esse estudo examinava quatro formas de meditação. Entre elas, havia dois tipos de meditação Vajrayana do budismo tibetano, mais precisamente uma visualização de autogeração como uma divindade (imaginar-se a si mesmo com os poderes de um deus ou uma deusa), e a meditação Rigpa, que em uma tradução mais literal significa "conhecimento da terra" (práticas de aterramento mental buscam obter a Rigpa e integrá-la à vida cotidiana). O estudo também examinou duas práticas

O PRINCÍPIO

de meditação da Teravada, sendo elas a Samatha (que se concentra em um único ponto) e a Vipassana (obtenção de sabedoria interior).

Os pesquisadores coletaram eletrocardiogramas (coração), eletroencefalogramas (cérebro) e dados de testes cognitivos dos participantes. A partir dessa informação, notaram que a Teravada e as práticas de aterramento mental produziam atividade parassimpática aprimorada no sistema nervoso autônomo (ou seja, relaxamento). Porém, visualizações da Vajrayana não levavam a relaxamento, produzindo, em vez disso, um aumento significativo do desempenho em atividades cognitivas, além de um estado mais alerta e ativo no corpo. Isso provou que as diferentes categorias de meditação se baseiam em diferentes respostas neurofisiológicas.

Embora a prática de tipos de ioga e meditação que reduzam o estresse, liberem a tensão e promovam relaxamento profundo – e até mesmo o sono – traga benefícios enormes, recomendo fortemente que você tente a meditação de visualização descrita abaixo – que usa uma técnica similar à da meditação Vajrayana – para alavancar-se em situações nas quais você precisa que seu cérebro opere da melhor forma possível. Eu a acho bastante útil, assim como muitas pessoas com as quais trabalho.

As pesquisas ainda não definiram se as melhorias radicais no desempenho cerebral após uma única sessão podem levar a efeitos permanentes com a prática regular e quais elementos específicos da visualização levam aos benefícios cognitivos.

Identifique-se com um ídolo poderoso

As práticas Vajrayana ainda são tidas como sagradas e secretas pelos monges tibetanos e só podem ser ensinadas após uma iniciação e um treinamento específicos. Como este é um livro secular, e em respeito ao fato de que você só deve escolher visualizar, em sua autogeração, uma entidade religiosa se for adepto dessa religião, sugiro que escolha alguém que você conheça e respeite, como uma figura histórica ou uma personalidade contemporânea secular. Não importa o gênero da pessoa que você escolher, tampouco se esse gênero é o mesmo que o seu; só precisa ser alguém que você enxerga como uma pessoa incrivelmente poderosa no sentido de ter qualidades que você gostaria de ter ou sente que deveria ter. Exemplos incluem seus avós, um ativista ou uma empreendedora de sucesso. Escreva o nome dessa pessoa em seu diário.

1. Encontre um lugar silencioso e seguro para sentar-se ou deitar-se de olhos fechados. Antes de fechar os olhos, você talvez queira olhar por um momento para um retrato do ídolo de sua escolha.
2. Agora, com os olhos fechados, comece a imaginar essa pessoa diante de você. Imagine cada pequeno detalhe de como ela se parece e a presença que ela cria diante de você.
3. Pratique o passo anterior até sentir que você consegue estender o braço e tocar a pessoa e falar com ela; ou até sentir que, se abrisse seus olhos, ela estaria bem à sua frente.
4. Depois, imagine a si mesmo como essa pessoa. Comece visualizando a si mesmo da cabeça aos pés como seu ídolo, o cabelo, a voz, a postura, os maneirismos... e o poder que você busca.
5. Sinta essa conexão ecoar por seu corpo inteiro até você se sentir inseparável da pessoa em questão. (Esse passo pode levar semanas para ser alcançado.)
6. Comece praticando a visualização até você se sentir convencido de que possui as qualidades que buscava e de que é capaz de invocá-las quando necessário.

A função do exercício é perceber, por meio da visualização, que, no fim das contas, você já possui essas qualidades, que residem bem no fundo do Princípio. Direcionar sua atenção pura e concentrada a essa visualização vai encorajá-lo a "encher-se" da energia positiva que você quer manifestar.

Desfazendo amarras

A aversão a perdas (que define a mentalidade de escassez) é um dos mecanismos mais fortes no cérebro, o que explica a sua tendência de recorrer à desconfiança. Nossas emoções de sobrevivência exercem um efeito mais poderoso em nosso cérebro do que nossas

O PRINCÍPIO

emoções de apego, o que significa que a percepção de prejuízos exerce o dobro do efeito psicológico sobre nós do que a percepção de ganhos equivalentes.

Portanto, para manifestar sua vida ideal, você deve treinar seu cérebro para reduzir o valor de possíveis perdas e filtrar os avisos desnecessários que seu sistema límbico talvez envie para seu córtice pré-frontal. É importante ter certeza de que não nos deixaremos levar por esses alertas. A visualização a seguir o ajuda a fazer isso liberando pensamentos negativos encobertos. Você pode gravar-se lendo essa visualização em voz alta em seu telefone para ouvir em seguida ou pedir a alguém que leia para você, como uma visualização guiada.

Visualização: balão de ar quente

Encontre um lugar calmo e silencioso no qual você não será interrompido. Comece respirando profundamente quatro vezes, depois respire normalmente, contando as respirações de um a doze antes de realizar o exercício de varredura corporal na página 193.

1. Quando você tiver completado a varredura corporal dos dedos dos pés até o topo da cabeça, imagine-se à beira de um campo de lavandas em Provença. Sinta a brisa morna passar por sua pele, ouça os pássaros cantando à distância e inale o ar com o aroma pungente de lavanda. Conecte todos os seus sentidos aos arredores: as texturas, cheiros, sons, vistas e mesmo o sabor de lavandas no campo em um dia de verão no sul da França.
2. Você olha para o horizonte e, no ponto onde o campo verde e roxo se encontra com o céu azul, nota a presença de um balão de ar quente em uma pequena colina. Você vai até ela e em pouco tempo pode ver o vime do cesto e o tecido matizado do balão.
3. Quando você chega perto do balão, percebe que ele está ancorado no chão por quatro sacos de areia fixados ao cesto por uma corda. Note a cor da corda e o tamanho dos sacos. Mergulhe completamente nessa visualização.

4. Uma pequena escada de corda ao lado do cesto permite que você suba no balão. De dentro dele, você vê que é bastante fácil controlá-lo e pilotá-lo, mas sabe que precisará soltar os sacos de areia caso queira voar.

5. Conforme você desfaz o nó do primeiro saco de areia, percebe que nele está escrito "MEDO", em letras pretas e garrafais. Desamarre o saco e veja-o rolar colina abaixo até que ele desapareça no horizonte. O cesto começa a flutuar um pouco acima do chão.

6. Volte-se para o segundo saco e, antes de desamarrá-lo, perceba a palavra "INVEJA" escrita em letras vermelhas. Desfaça o nó e veja o saco cair no chão e estourar, liberando o seu conteúdo, que evapora na atmosfera. O cesto agora claramente flutua, mas está inclinado para um lado.

7. Ao começar a desamarrar o terceiro saco, você vê que nele está escrito "EXPECTATIVAS" em letras roxas. Termine de desamarrar e veja o saco de areia cair no chão com um som abafado e desaparecer. Agora você está voando a certa distância do chão e só há mais uma coisa jogando você para baixo. Eu não tenho como dizer o que está escrito no quarto saco de areia, mas é a maior amarra pessoal que há sobre você. Leia o que está escrito nela (será algo específico para você). Pare por um momento para absorver essa informação por completo e, por fim, desfaça o último nó e veja o último saco de areia sumir na distância, conforme seu balão de ar quente sobe aos céus.

8. Pilote o balão e voe na altura que desejar. Você escolhe para onde ele vai: ele pode subir até o espaço sideral ou flutuar acima de oceanos e montanhas. A decisão é sua. Visualize sua viagem de balão por aproximadamente cinco minutos.

9. Quando se sentir pronto, traga o balão de ar lentamente ao chão. Você pode aterrissar em uma praia, no mesmo campo onde você começou o exercício... em qualquer lugar que desejar. Saia do balão e concentre a sua visão novamente no corpo físico. Faça uma contagem regressiva de doze respirações.

O PRINCÍPIO

10. Respire normalmente por um momento, depois respire profundamente quatro vezes e comece a mexer os dedos da mão, depois os dedos do pé. Abra os olhos lentamente e anote em seu diário o que estava escrito no saco de areia que você desamarrou por último.

Não usaremos uma imagem disso em seu quadro de ações, mas você pode procurar uma imagem que ilustre como foi se livrar dessa amarra – ou simplesmente buscar uma foto de um balão de ar quente para incluir no quadro, como eu tenho feito nos últimos anos.

Para mim, o balão representa estar livre das amarras, de padrões de comportamento antigos e contraproducentes e de pessoas negativas.

Retorne a essa visualização sempre que puder, especialmente quando qualquer uma das coisas escritas nos sacos de areia estiver fazendo peso sobre você.

Esse exercício ajudará a turbinar o poder das suas visualizações, utilizando as imagens em seu quadro de ações para fazê-lo sentir-se capacitado a dar novos passos rumo à mudança sem se deixar afetar por obstáculos que o limitaram no passado. É aí que a atenção concentrada encontra a ação – e é nesse encontro que se inicia o passo 4 do meu processo.

Lista de verificação da atenção concentrada
Você:

- fez sua meditação de varredura corporal e manteve esse hábito por uma semana para observar as mudanças em seu corpo e sua mente;
- experimentou uma série de aplicativos de atenção plena até encontrar um que funcionasse para você e passou a praticar seus exercícios regularmente;
- completou os exercícios "Deleite-se com seus sentidos" e "Roteiro para a abundância" (p. 207 e 208, respectivamente);
- completou os exercícios de visualização "Identifique-se com um ídolo poderoso" e "Balão de ar quente" (p. 211 e 213, respectivamente).

Capítulo 15: Passo 4 – prática deliberada – o Princípio ganha vida

"Não há destino além do que forjamos para nós mesmos."
O EXTERMINADOR DO FUTURO

Em termos neurocientíficos, as vias em nosso cérebro estão interconectadas e são multidimensionais. Não é produtivo pensar em vias neurais como estruturas lineares que vão de A a B. A verdade é que elas são influenciadas por uma mistura de condicionamento comportamental profundo, influências do ambiente, contágio e uma série de outros fatores. Meu processo de quatro passos para aumentar o nível de consciência, visualizar mudanças, concentrar nossa atenção e agir com prática deliberada oferece uma abordagem circular de mudança. Cada passo ajuda o outro, e, ao se comprometer por completo com cada um deles, você vai transformar a sua forma de pensar e de se comportar.

Ao elevar sua atenção no passo 1, você terá trazido à tona muito do seu piloto automático inconsciente e será capaz de fazer algo a respeito. Os passos 2 e 3 o terão ajudado a visualizar o futuro que quer e o auxiliarão a começar a ajustar sua atenção de uma maneira concentrada.

Neste passo final, você combinará sua nova habilidade de concentração e sua atenção desperta para a vida que deseja, conseguindo então direcionar todo o seu poder e força em favor da mudança. Os exercícios do passo 4 são todos concentrados na prática deliberada, permitindo que você transforme pensamento e sabedoria em ações que o ajudarão a materializar o futuro com o qual você sonha. Visualizações regulares lhe darão o alicerce e o combustível para isso.

Alex: uma transformação de personalidade por meio da prática deliberada

Meus serviços foram solicitados por Alex, um CEO na casa dos quarenta, após recomendação de seu diretor de RH. Embora tivesse uma carreira de sucesso, muitas pessoas de sua equipe achavam difícil trabalhar com ele. Suas habilidades interpessoais e empatia eram limitadas, e, ao mesmo tempo, ele era intensamente exigente e minuciosamente controlador. Sua personalidade causava incômodos e problemas sérios, e tanto o diretor financeiro como o diretor de tecnologia ameaçavam sair da empresa por causa dela. Quando comecei a trabalhar com ele, Alex não acreditava que eu fosse capaz de ajudá-lo.

"Eu sempre fui assim, não acho que seja capaz de mudar. Não é problema meu se as pessoas não gostam de trabalhar comigo. Sou bom no meu trabalho. Como CEO, preciso estar no controle de tudo, preciso me preocupar com todos antes que o pior possa acontecer. Sou eu quem dá as más notícias, então não é de surpreender que as pessoas não gostem de mim. Por que isso deveria me incomodar?"

Expliquei a ele que as qualidades que diferenciam grandes líderes geralmente são as habilidades subestimadas de pensamento flexível e inteligência emocional. Também expliquei que a compaixão e a atenção a outras pessoas definitivamente eram qualidades que nós podíamos treinar, de modo a ficarmos mais em sintonia com elas, e que isso só exigia um pouco de trabalho e esforço. Também falei com ele a respeito da linguagem negativa que usava e de suas tendências controladoras. Desafiei a ideia que ele tinha de que ser um bom líder estava necessariamente atrelado a um controle rígido e a uma ênfase constante em aspectos negativos.

Alex se dedicou à sua inteligência emocional, realizando esforços para fornecer *feedbacks* mais positivos e encorajadores e para abrir mão do controle que ele antes desejava, abandonando seus hábitos de gerenciamento minucioso. O tempo inteiro, Alex trabalhou duro no relacionamento com todas as pessoas de sua vida — seus filhos (dois meninos, um de oito anos e outro de dez), sua esposa, seu assistente pessoal e sua equipe. Ele se dedicou a isso com o mesmo esforço que dedicava aos negócios.

O PRINCÍPIO

Se antes ele achava graça em alguns de seus comentários sarcásticos para seu assistente pessoal, agora ele entendia que esses comentários podiam magoar. E, se uma vez descrevera uma noite com os filhos como "ficar de babá", ele agora sentia os benefícios de ter mais tempo disponível para eles, conforme os filhos o acolhiam em seus corações e mentes de maneiras que ele jamais havia se dado conta de que estava perdendo. Eles até começaram a chamá-lo antes da mãe quando precisavam de ajuda — algo que nunca haviam feito antes.

Alex passou a compartilhar sua visão positiva para o futuro da empresa e a celebrar os sucessos com as pessoas em sua equipe. Ele fez questão de que seus diretores seniores soubessem que ele confiava neles e deu-lhes mais espaço. As pessoas novas que entravam na equipe (e que, portanto, não tinham opiniões anteriores sobre Alex) o achavam acolhedor e até engraçado. Isso inspirava o resto da equipe a mudar sua perspectiva sobre Alex. Em resposta a essa recém-descoberta abertura, ele floresceu, além de acertar seu relacionamento com os líderes seniores que antes mal o suportavam.

A história de Alex mostra que você precisa estar preparado para fazer mudanças positivas radicais em si mesmo e se ater a elas para concretizar mudanças profundas, retirar obstáculos para a mudança remanescentes e canalizar a energia de abundância do Princípio, de modo a fomentar pensamentos e ações transformadores. É completamente possível mudar coisas fundamentais em você se você de fato desejar fazê-lo e estiver preparado para se dedicar a isso.

Esmague seus inimigos da abundância

Depois que você decide seguir o caminho da abundância, por quanto tempo consegue ficar dentro da estrada? Primeiro, você precisará identificar as coisas que acredita precisar mudar. Isso tem mais a ver com sobrescrever padrões há muito estabelecidos do que com definir uma nova intenção. Ambos são importantes para seguir adiante sem perder o embalo. Você talvez já tenha anotado alguns desses padrões indesejados no seu diário quando observou suas dúvidas em relação a si mesmo e seus obstáculos para seguir adiante. Talvez sejam objetivos que você teve por um tempo, mas continuamente fracassou em atingir. Alguns exemplos possíveis são: entrar em forma, encontrar um novo emprego, casar-se.

1. Em seu diário, crie uma tabela de três colunas e três linhas. Na primeira coluna, liste cada um de seus objetivos. Na segunda, escreva sinceramente quaisquer comportamentos que estejam sabotando cada um desses objetivos. Na última coluna, anote a crença subjacente que motiva esse comportamento contraproducente. Que coisas nas quais você acredita podem estar sustentando sua relutância ou inatividade? Pode ser uma sensação pessimista de que você não é capaz de controlar uma situação, a impressão de que você não tem a energia necessária para implementar mudanças positivas no momento ou uma crença mais profunda e traiçoeira de que você não merece o futuro que deseja.

2. Depois que você preencheu as colunas, observe atentamente o padrão que vê diante de si. Isso foi criado por uma combinação de herança genética, do modo como você foi criado e das escolhas que você fez — tanto escolhas concretas que você fez no mundo real como o nível de domínio que você exibiu sobre suas respostas emocionais e comportamentais às consequências dessas escolhas. Todos esses fatores moldaram o Princípio.

3. A última coluna contém seus inimigos da abundância. Olhe para eles. O que pode fazer para rompê-los? Você poderia criar afirmações que substituam suas crenças autossabotadoras por novas crenças positivas ou mudar seu comportamento para garantir mais tempo a atividades que cultivam sua energia em vez de consumi-la? Seja específico e, para cada objetivo, anote uma ação específica que você pode realizar esta semana.

Crie afirmações pessoais

Entre as frases na terceira coluna do seu exercício "Roteiro para a abundância" (p. 208), escolha algumas que o tenham inspirado anteriormente. Você também pode escolher qualquer elogio que

O PRINCÍPIO

tenha recebido ou qualquer mantra que tenha algum apelo para você no momento.

Você pode usar quantas afirmações quiser, mas eu geralmente acho que três ou quatro são o suficiente, além de ser mais fácil memorizar e se ater a todas elas. Eis abaixo algumas que eu mesma já usei:

- "Eu estou bem neste exato momento" (de *O poder do agora*, de Eckhart Tolle);
- "As coisas estão exatamente como devem estar" (do autor e astrólogo Lyn Birkbeck);
- "Isso também há de passar" (provavelmente originado de poetas sufis persas, mas utilizado pelo poeta inglês Edward Fitzgerald e pelo presidente americano Abraham Lincoln em seu discurso de posse);
- "Isto não é real" (cena do filme *Divergente*, no qual Tris supera seus medos);
- "Ninguém pode me fazer mal agora" (de uma amiga que é uma incrível cientista e empreendedora);
- "As coisas farão sentido daqui a um tempo... às vezes, daqui a muito tempo" (de minha autoria).

Como se vê, você pode criar mantras personalizados a partir de frases ou citações tiradas de livros, filmes, conversas com amigos ou até mesmo das epifanias que você teve durante sua jornada de descoberta pessoal. Em seguida, os mantras são usados para transferir o aprendizado da parte inconsciente do cérebro para a consciente. Qualquer nova descoberta realizada durante seus exercícios de abundância pode ser decisiva para liberar o Princípio ao ser utilizada como mantra.

1. Escreva suas afirmações em seu diário e digite-as no seu telefone, para que você as tenha à mão ao longo do dia. Alternativamente, escreva-as em post-its e cole-os ao lado da cama, no banheiro ou na cozinha — em qualquer lugar onde você os veja.
2. Busque repetir as afirmações, com atenção plena, várias vezes por dia. Visualize-as como sendo verdade.

221

Transponha seus limites

Seguir os passos traz mudanças importantes e cumulativas de pensamento e comportamento, mas também podemos dar passos pequenos para ajudar a neuroplasticidade e garantir que estamos nos forçando a sair da zona do piloto automático e abraçando mudanças em todas as áreas de nossa vida.

O medo do fracasso nos mantém congelados e presos, sendo ele um inimigo da ação positiva. Um antídoto poderoso é começar a experimentar mais e transpor seus próprios limites, saindo da sua zona de conforto e fugindo do seu piloto automático cada vez mais, de modo que você se habitue a correr riscos saudáveis e regulares. Há muitos exemplos de descobertas proporcionadas por experimentação e "fracassos", como mencionamos anteriormente. Se você quer desenvolver seu lado experimental, não precisa começar em grande estilo.

Experiências novas aumentam a neuroplasticidade e são um bom animador de humores – especialmente quando compartilhadas com um amigo ou parceiro. Tente praticar um novo esporte, leve seu cachorro para passear em um parque novo, mude as estações de rádio da sua programação ou pegue um livro que você normalmente não leria. A criatividade e o pensamento integrador vêm das conexões entre diferentes partes do cérebro que você consegue fazer: quanto mais diversa for sua experiência e mais amplo for seu referencial, mais o Princípio cresce e se fortalece.

Esta noite, tente preparar uma receita que nunca fez antes. Se você sempre seguiu receitas, então tente fazer como o programa de TV *Iron Chef*, improvisando com os ingredientes que houver na geladeira e nos armários. Se estiver se sentindo ousado, convide alguém para desfrutar o resultado do experimento com você.

Cada mudança que você acolhe – grande ou pequena – ajuda o Princípio a ganhar confiança no poder da mudança e a se afastar daquele viés em favor da segurança e preservação do *status quo*.

Pare para considerar seu legado

Pessoas como Nelson Mandela, Mahatma Gandhi, Madre Teresa e Emmeline Pankhurst não serão lembradas por terem tido filhos (ou não), por terem ajudado seus vizinhos a fazer compras ou por terem apoiado amigos e parentes em sua vida, mas, sim, pelo impacto gigantesco que tiveram na história da humanidade. Porém, criar humanos gentis, com integridade e propósito, e fornecer apoio às pessoas ao nosso redor fará do mundo um lugar melhor do mesmo jeito. Conseguimos isso quando cuidamos do cérebro de nossos filhos, parentes e grupos sociais ou profissionais. Pare para considerar as coisas que você faz e tornam o mundo melhor, e como você poderia fazê-las com mais frequência.

1. Visualize-se como uma pessoa idosa no fim da vida. Dedique um tempo para mergulhar completamente nessa visualização e imagine como você se sente, o que você está vestindo e onde você está.
2. Agora, pergunte-se como você se sente. O que você sente orgulho de ter conquistado? Quais são os grandes momentos de destaque em sua vida? Das pessoas ao seu redor, quem é realmente importante para você?
3. Anote algumas de suas respostas e como elas afetam seu estilo de vida atual e seu futuro ideal. Adicione uma imagem a seu quadro de ações que esteja relacionada às paixões e aos propósitos descobertos e explore maneiras de torná-los realidade.

Visualize o Princípio em você

Esta é a última visualização, uma visualização a mais para adicionar às outras. Recorra a ela sempre que quiser. É uma ótima forma de enxergar a si mesmo com o Princípio na potência máxima.

1. Comece a varredura corporal (p. 133) e, em seguida, respire profundamente cinco vezes. Agora, respire normalmente, contando as respirações em sua mente de um a doze – inspirando no um, expirando no dois e assim por diante. A cada respiração, visualize seus pés descendo uma escada de pedra. Imagine-se diante de uma porta esculpida na parede de uma montanha. Abra a porta e entre na montanha. Conforme seus olhos se acostumam com a penumbra,

você se dá conta de que está em uma caverna enorme, e há cinco espelhos de corpo inteiro nela. Perceba as cores das paredes, se há ou não janelas no espaço e a forma dos espelhos (eles podem ser retangulares, ovais ou de qualquer outra forma).

2. Vá até o primeiro espelho. Nele, seu reflexo está vestindo seu equipamento esportivo favorito. Há algo em seu equilíbrio e postura, no brilho da sua pele e na tonificação de seus músculos que lhe dizem que você está livre de tensões e no ápice de seu condicionamento físico. Examine seu reflexo e absorva essa imagem de força, resistência e calma interior.

3. Vá até o segundo espelho. Nele, você está apenas com roupas de baixo. A firmeza em sua barriga, a luz nos seus olhos, o brilho no seu cabelo e a maciez na sua pele indicam que você está saudável e com boa aparência, porque dedicou tempo e cuidado para nutrir e hidratar o corpo. Guarde uma fotografia mental para si daquilo que você percebe em sua versão mais saudável possível.

4. Vá até o terceiro espelho. Nele, você está com a roupa de trabalho perfeita: pode ser o seu melhor terno e os melhores sapatos que você já teve, um avental cirúrgico, um traje esporte fino estiloso, o que for melhor para você. A despreocupação de sua postura e o ambiente no plano de fundo indicam que você atingiu o ápice do sucesso em sua carreira, com todo o conforto e segurança que isso traz, seja lá o que isso possa significar para você. Você exala confiança de cada célula do corpo. Note todos os detalhes nesse seu "eu" refletido, de forma que você consiga se lembrar da sensação que ele passa.

5. Vá até o quarto espelho. Nele, você está feliz, relaxado e rodeado por pessoas que você ama e que o amam de volta. Você está em seu ambiente social favorito e vestindo roupas casuais e confortáveis. O som de risadas, a alegria em seu rosto e o sentimento claro de amor entre as pessoas

O PRINCÍPIO

fazem você se sentir reconfortado por dentro. Prenda essa sensação em uma caixinha.

6. Vá até o quinto espelho. Nesse espelho, você está atlético, saudável, confiante, bem-sucedido, feliz e amado. Uma combinação de todos os atributos exibidos nos outros quatro espelhos. Só que este não é um espelho, mas, sim, um portal. Atravesse o portal rumo à sua nova vida. Saudável, feliz, confiante, amado. Deleite-se nessa realidade pelo tempo que desejar.

7. Ao sair do portal, você se vê de costas para a porta da montanha. Você sabe que algo mudou em sua vida para sempre. Mudou para melhor.

8. Respire doze vezes em contagem regressiva – e, a cada respiração, visualize seus pés subindo os degraus novamente. Respire normalmente por um momento, depois respire profundamente cinco vezes e comece a mexer os dedos das mãos e, em seguida, os dos pés. Abra seus olhos lentamente. Anote em seu diário todas as coisas que chamaram sua atenção nesse exercício, busque e recorte imagens que você poderia adicionar ao quadro de ações para representar essas coisas.

E esse é o fim do último estágio do plano, no qual avançamos a passos curtos e largos rumo à nossa vida com a prática deliberada. Faz relativamente pouco tempo desde que você começou a seguir os aspectos práticos de expostos aqui, mas se certifique de parar por um momento para observar as mudanças que fez até agora, assim como a atenção e a iluminação que você trouxe às suas ações e comportamentos (no passado e no presente). Leia seu diário e revisite os conhecimentos que agora você tem em relação às suas vias e motivações, e os passos que você está seguindo para construir seu futuro.

Lista de verificação da prática deliberada

Você:

- identificou seus inimigos da abundância e pensou em três ações para exterminá-los;
- criou afirmações pessoais para inspirá-lo e motivá-lo conforme progride em sua jornada;
- começou a experimentar novas coisas regularmente para ampliar sua zona de conforto;
- considerou seu legado;
- visualizou o Princípio em você – você na potência máxima.

Conclusão – Mantendo o Princípio

Perdi a conta do número de pessoas com quem trabalhei que entraram em contato comigo semanas, meses e às vezes até anos depois para me dizer que o quadro de ações que elas construíram com base nesse processo de quatro passos se materializou no mundo real. Elas me mandam e-mails com fotos e notícias de casamentos, nascimentos de bebês, lançamentos de produtos, promoções no trabalho e novos lares: sucesso e felicidade em todas as suas várias e gloriosas formas. Todos esses casos são prova do Princípio operando a todo vapor: uma trindade bem-sucedida de cérebro, corpo e espírito.

Continue visualizando e fazendo acontecer. Observe seu quadro de ações, maravilhe-se quando ele começar a se tornar realidade e deleite-se com a vida que você visualizou começando a se materializar, gerando um poder cumulativo que faz com que você possa atrair e realizar mais e mais coisas a cada ano que passa.

Incorpore e se orgulhe de sua habilidade de mudar e crescer. As pessoas muitas vezes me dizem: "Você mudou minha vida", e eu respondo: "Obrigada, mas foi você quem fez isso". Sua atenção, suas ações e suas crenças são o que evocará a mudança. Imagine como sua vida seria daqui a cinco, dez, vinte anos conforme luta para fazer seus sonhos virarem realidade, continuando a evoluir da mesma maneira que evoluiu no período relativamente curto que você levou para ler este livro. Acredite na mudança e desfrute dela.

Quando você tiver concluído todos os quatro passos em sequência, volte para esta seção e leia o parágrafo de encerramento a seguir. Inspire fundo e solte o ar como a expiração de um suspiro. Sinta a tensão deixar os seus músculos.

Você conseguiu! Criou uma nova pessoa – uma pessoa cuja vida agora segue uma trajetória diferente daquela que seguia quando você pegou este livro pela primeira vez. Você entende agora que é capaz de atrair para sua vida as coisas que quer. Este mundo tem muito mais a oferecer. Seu cérebro – que é incrivelmente maleável, abundante e ágil – o ajuda a perceber oportunidades e a criar e atrair inúmeras experiências positivas. Você sabe que merece essa abundância, e não hesita em agarrar-se a possíveis aventuras empolgantes e aproveitar o máximo delas. Se antes estava preso a padrões e sistemas de crença enraizados, você evoluiu e encontrou uma nova liberdade de pensamento. Você fez isso de forma simples e integrada; com a integração de seu cérebro, corpo e espírito. Você é o Princípio – o criador de sua vida. **Nada pode pará-lo agora.**

Referências bibliográficas

Segue uma lista de livros que moldaram meu aprendizado.[*]

BEGLEY, Sharon. *Train Your Mind, Change Your Brain:* How a new science reveals our extraordinary potential to transform ourselves. Nova York: Ballantine Books, 2007.

COELHO, Paulo. *O Alquimista.* São Paulo: Paralela, 2017.

DOIDGE, Norman. *O cérebro que se transforma:* como a neurociência pode curar as pessoas. Rio de Janeiro: Record, 2011.

FINKELSTEIN, Sydney; WHITEHEAD, Jo; CAMPBELL, Andrew. *Think Again:* Why good leaders make bad decisions and how to keep it from happening to you. Watertown: Harvard Business Review Press, 2009.

GOLEMAN, Daniel. *Inteligência emocional:* a teoria revolucionária que redefine o que é ser inteligente. Rio de Janeiro: Objetiva, 1996.

HAANEL, Charles Francis. *A chave mestra.* São Paulo: Universo dos Livros, 2020.

HARARI, Yuval Noah. *Sapiens:* uma breve história da humanidade. Porto Alegre: L&PM, 2015.

HESSE, Hermann. *Sidarta.* Rio de Janeiro: Record, 1982.

HILL, Napoleon. *Quem pensa enriquece.* Porto Alegre: Citadel Grupo Editorial, 2019.

IBARRA, Herminia. *Working Identity:* Unconventional strategies for reinventing your career. Watertown: Harvard Business Review Press, 2004.

---

[*] Sempre que possível, informamos a versão brasileira do livro citado pela autora. (N.T.)

JOHNSON, Spencer. *Quem mexeu no meu queijo?* Rio de Janeiro: Record, 2017.

RAMACHANDRAN, V.S. *O que o cérebro tem para contar:* desvendando os mistérios da natureza humana. Rio de Janeiro: Zahar, 2014.

SACKS, Oliver. *O homem que confundiu sua mulher com um chapéu.* São Paulo: Companhia da Letras, 1997.

SAINT-EXUPÉRY, Antoine de. *O pequeno príncipe.* São Paulo: Universo dos Livros, 2015.

SIEGEL, Daniel J. *Mindsight:* Transform your brain with the new science of kindness. Londres: One World Publications, 2011.

TOLLE, Eckhart. *O poder do agora:* um guia para a iluminação espiritual. Rio de Janeiro: Sextante, 2010.

Agradecimentos

Eu gostaria de agradecer a Zoe McDonald por sua paciência, compreensão e brilhantismo para me ajudar a descobrir minha história.

A equipe da Penguin Random House UK é excelente, e eu gostaria de agradecer a Joel Rickett, Leah Feltham, Kate Latham, Caroline Butler, Sarah Bennie, Lucy Brown, Rae Shirvington, Bethany Wood, Alice Latham, Mairead Loftus, Serena Nazareth, a equipe de vendas da Ebury, Helen Crawford-White, Nicky Gyopari e Julia Kellaway por me ajudarem a fazer deste livro a sua melhor versão possível.

Minha equipe em Tara Swart Inc. me apoiou durante o processo de escrita e em muito mais coisas além disso. Obrigada, Tracie Davis, Louise Malmstrom, Gillian Jay e Sara Devine.

Foi meu trabalho como neurocientista oficial do Corinthia Hotel, em Londres que me fez entrar em contato com Joel, então obrigada a todos que trabalharam comigo lá, especialmente Fiona Harris, Rica Rellon e Thomas Koch.

Eu gostaria de agradecer a Jules Chappell, Jen Stebbing, Flora Blackett-Ord e Johanna Pemberton por seu apoio e pela ideia de trabalhar no Corinthia, que levou a este livro. Também agradeço a Matthew Wright por me apresentar a Jules e pelo grande apoio dado a mim e a meu trabalho.

Obrigada a todos os meus clientes, colegas e ex-pacientes pelas experiências enriquecedoras contidas nesta obra.

Por fim, gostaria de agradecer a meus amigos e familiares por me aguentarem durante o período em que eu escrevia este livro.

Nota da autora

Muito obrigada por ler este livro! Espero que você sinta que colocou sua vida em uma trajetória nova e empolgante. O que vem a seguir será consequência do desenvolvimento de sua atenção, de suas ações e de seu modo de pensar em todas as áreas da vida. Os passos descritos neste livro fizeram uma diferença enorme para mim!

Adoraria ouvir relatos de pessoas que tentaram realizar as técnicas aqui relacionadas. Muitas vezes, mudanças e conquistas incríveis se materializam na vida dessas pessoas a partir de imagens em seus quadros de ações. Se você agora fizer parte do grupo de pessoas que celebram o poder do Princípio, adoraria ouvir o que você tem a dizer. Por favor, entre em contato e compartilhe suas histórias no Twitter ou no Instagram.

Twitter: @taraswart

Instagram: drtaraswart

Notas

Introdução

1   Harari, Y.N., 2015. *Sapiens: A brief history of humankind.* Vintage.

Capítulo 1

2   Kahneman, D.; Tversky, A., 1984. Choices, values, and frames. American Psychologist, 39(4), pp.341–50.

3   Simons, D.J.; Levin, D.T., 1998. Failure to detect changes to people during a real-world interaction. Psychonomic Bulletin & Review, 5(4), pp.644–9.

4   Ronaldson, A.; Molloy, G.J.; Wikman, A.; Poole, L.; Kaski, J.C.; Steptoe, A., 2015. Optimism and recovery after acute coronary syndrome: a clinical cohort study. Psychosomatic Medicine, 77(3), p.311.

5   Park, N.; Park, M.; Peterson, C., 2010. When is the search for meaning related to life satisfaction? Applied Psychology: Health and Well-Being, 2(1), pp.1–13; Cotton Bronk, K.; Hill, P.L.; Lapsley, D.K.; Talib, T.L.; Finch, H., 2009. Purpose, hope, and life satisfaction in three age groups. The Journal of Positive Psychology, 4(6), pp.500–10.

6   McDermott, R.; Fowler, J.H.; Christakis, N.A., 2013. Breaking up is hard to do, unless everyone else is doing it too: Social network effects on divorce in a longitudinal sample. Social Forces, 92(2), pp.491–519.

7   Christakis, N.A.; Fowler, J.H., 2007. The spread of obesity in a large social network over 32 years. New England Journal of Medicine, 357(4), pp.370–9.

8   Sterley, T.L.; Baimoukhametova, D.; Füzesi, T.; Zurek, A.A.; Daviu, N.; Rasiah, N.P.; Rosenegger, D.; Bains, J.S.,

2018. Social transmission and buffering of synaptic changes after stress. Nature Neuroscience, 21(3), pp.393–403.

Capítulo 2

9   Clark, B.C.; Mahato, N.K.; Nakazawa, M.; Law, T.D; Thomas, J.S., 2014. The power of the mind: the cortex as a critical determinant of muscle strength/weakness. Journal of Neurophysiology, 112(12), pp.3219–26; Reiser, M.; Büsch, D.; Munzert, J., 2011. Strength gains by motor imagery with different ratios of physical to mental practice. Frontiers in Psychology, 2, p.194.

10   Ranganathan, V.K.; Siemionow, V.; Liu, J.Z.; Sahgal, V.; Yue, G.H., 2004. From mental power to muscle power – gaining strength by using the mind. Neuropsychologia, 42(7), pp.944–56.

Capítulo 3

11   Gholipour, B., 2014. Babies' amazing brain growth revealed in new map. Live Science. www.livescience.com/47298-babies--amazing-brain-growth.html [acesso em 24/09/2018].

12   Live Science Staff, 2010. Baby brain growth reflects human evolution. Live Science. www.livescience.com/8394-baby-brain--growth-reflects-human-evolution.html [acesso em 24/09/2018].

13   Hirshkowitz, M.; Whiton, K.; Albert, S.M.; Alessi, C.; Bruni, O.; DonCarlos, L.; Hazen, N.; Herman, J.; Katz, E.S.; Kheirandish-Gozal, L.; Neubauer, D.N., 2015. National Sleep Foundation's sleep time duration recommendations: methodology and results summary. Sleep Health, 1(1), pp.40–3.

14   Thomas, R., 1999. Britons retarded by 39 winks. The Guardian. www.theguardian.com/uk/1999/mar/21/richardthomas.theobserver1 [acesso em 07/10/2018].

15   Black, D.S.; O'Reilly, G.A.; Olmstead, R.; Breen, E.C.; Irwin, M.R., 2015. Mindfulness meditation and improvement in sleep quality and daytime impairment among older adults with sleep disturbances: a randomized clinical trial. JAMA Internal Medicine, 175(4), pp.494–501.

O PRINCÍPIO

16 Danziger, S.; Levav, J.; Avnaim-Pesso, L., 2011. Extraneous factors in judicial decisions. Proceedings of the National Academy of Sciences, 108(17), pp.6889–92.

17 Watson, P.; Whale, A.; Mears, S.A.; Reyner, L.A.; Maughan, R.J., 2015. Mild hypohydration increases the frequency of driver errors during a prolonged, monotonous driving task. Physiology & Behavior, 147, pp.313–18.

18 Edmonds, C.J.; Crombie, R.; Gardner, M.R., 2013. Subjective thirst moderates changes in speed of responding associated with water consumption. Frontiers in Human Neuroscience, 7, p.363.

19 Begley, S., 2007. Train Your Mind, Change Your Brain: How a new science reveals our extraordinary potential to transform ourselves. Ballantine Books, p.66.

20 Alzheimer's Society, n.d. Physical exercise and dementia. www.alzheimers.org.uk/about-dementia/risk-factors-and-prevention/physical-exercise [acesso em 07/10/2018].

21 Voss, M.W.; Nagamatsu, L.S.; Liu-Ambrose, T.; Kramer, A.F., 2011. Exercise, brain, and cognition across the life span. Journal of Applied Physiology, 111(5), pp.1505–13.

22 Hwang, J.; Brothers, R.M.; Castelli, D.M.; Glowacki, E.M.; Chen, Y.T.; Salinas, M.M.; Kim, J.; Jung, Y; Calvert, H.G., 2016. Acute high-intensity exercise-induced cognitive enhancement and brain-derived neurotrophic factor in young, healthy adults. Neuroscience Letters, 630, pp.247–53.

23 Firth, J.; Stubbs, B.; Vancampfort, D.; Schuch, F.; Lagopoulos, J.; Rosenbaum, S.; Ward, P.B., 2018. Effect of aerobic exercise on hippocampal volume in humans: a systematic review and meta-analysis. Neuroimage, 166, pp.230–8.

24 Rippon, A., 2016. What I've learned about the science of staying young. Telegraph. www.telegraph.co.uk/health-fitness/body/angela-rippon-what-ive-learned-about-the-science-of-staying-young [acesso em 02/10/2018].

25 Abbott, J.; Stedman, J., 2005. Primary nitrogen dioxide emissions from road traffic: analysis of monitoring data. AEA

DRA. TARA SWART

Technology, National Environmental Technology Centre. Report AEAT-1925.

Capítulo 4

26 Langer, E.J., 2009. Counterclockwise: Mindful health and the power of possibility. Ballantine Books. [Ver também: Alexander, C.N.; Langer, E.J., 1990. Higher Stages of Human Development: Perspectives on adult growth. Oxford University Press.]

27 Taub, E.; Ellman, S.J.; Berman, A.J., 1966. Deafferentation in monkeys: effect on conditioned grasp response. Science, 151(3710), pp.593–4; Taub, E.; Goldberg, I.A.; Taub, P., 1975. Deafferentation in monkeys: pointing at a target without visual feedback. Experimental Neurology, 46(1), pp.178–86; Taub, E.; Williams, M.; Barro, G.; Steiner, S.S., 1978. Comparison of the performance of deafferented and intact monkeys on continuous and fixed ratio schedules of reinforcement. Experimental Neurology, 58(1), pp.1–13.

28 Gaser, C.; Schlaug, G., 2003. Brain structures differ between musicians and non-musicians. Journal of Neuroscience, 23(27), pp.9240–5.

29 Begley, S., 2007. Train Your Mind, Change Your Brain: How a new science reveals our extraordinary potential to transform ourselves. Ballantine Books.

30 Woollett, K.; Maguire, E.A., 2011. Acquiring "the Knowledge" of London's layout drives structural brain changes. Current Biology, 21(24), pp.2109–14.

31 Sorrells, S.F.; Paredes, M.F.; Cebrian-Silla, A.; Sandoval, K.; Qi, D.; Kelley, K.W.; James, D.; Mayer, S.; Chang, J.; Auguste, K.I.; Chang, E.F., 2018. Human hippocampal neurogenesis drops sharply in children to undetectable levels in adults. Nature, 555(7696), pp.377–81.

32 Boyd, L. 2015. TEDx Vancouver, Rogers Arena [TEDx Talk].

Capítulo 5

33 Siegel, D.J., 2011. Mindsight: Transform your brain with the new science of kindness. One World Publications.

236

O PRINCÍPIO

Capítulo 6

34 Goleman, D., 1996. Emotional Intelligence: Why it can matter more than IQ. Bloomsbury.
35 Killingsworth, M.A.; Gilbert, D.T., 2010. A wandering mind is an unhappy mind. Science, 330(6006), p.932.
36 McLean, K. 2012. The healing art of meditation. Yale Scientific. www.yalescientific.org/2012/05/the-healing-art-of-meditation [acesso em 24/09/2018].

Capítulo 7

37 Ainley, V.; Tajadura-Jiménez, A.; Fotopoulou, A.; Tsakiris, M., 2012. Looking into myself: Changes in interoceptive sensitivity during mirror self-observation. Psychophysiology, 49(11), pp.1672–6.
38 Farb, N.; Daubenmier, J.; Price, C.J.; Gard, T.; Kerr, C.; Dunn, B.D.; Klein, A.C.; Paulus, M.P.; Mehling, W.E., 2015. Interoception, contemplative practice, and health. Frontiers in Psychology, 6, p.763.
39 Lumley, M.A.; Cohen, J.L.; Borszcz, G.S.; Cano, A.; Radcliffe, A.M.; Porter, L.S.; Schubiner, H.; Keefe, F.J., 2011. Pain and emotion: a biopsychosocial review of recent research. Journal of Clinical Psychology, 67(9), pp.942–68.
40 Hanley, A.W.; Mehling, W.E.; Garland, E.L., 2017. Holding the body in mind: Interoceptive awareness, dispositional mindfulness and psychological well-being. Journal of Psychosomatic Research, 99, pp.13–20.

Capítulo 8

41 Mayer, E.A., 2011. Gut feelings: the emerging biology of gut–brain communication. Nature Reviews Neuroscience, 12(8), pp.453–66.
42 Steenbergen, L.; Sellaro, R.; van Hemert, S.; Bosch, J.A.; Colzato, L.S., 2015. A randomized controlled trial to test the effect of multispecies probiotics on cognitive reactivity to sad mood. Brain, Behavior, and Immunity, 48, pp.258–64.

43   Kau, A.L.; Ahern, P.P.; Griffin, N.W.; Goodman, A.L.; Gordon, J.I., 2011. Human nutrition, the gut microbiome and the immune system. Nature, 474(7351), pp.327–36; Kelly, P., 2010. Nutrition, intestinal defence and the microbiome. Proceedings of the Nutrition Society, 69(2), pp.261–8; Shi, N.; Li, N.; Duan, X.; Niu, H., 2017. Interaction between the gut microbiome and mucosal immune system. Military Medical Research, 4(1), p.14; Thaiss, C.A.; Zmora, N.; Levy, M.; Elinav, E., 2016. The microbiome and innate immunity. Nature, 535(7610), pp.65–74; Wu, H.J.; Wu, E., 2012. The role of gut microbiota in immune homeostasis and autoimmunity. Gut Microbes, 3(1), pp.4–14.
44   Foster, J.A.; Rinaman, L.; Cryan, J.F., 2017. Stress & the gut-brain axis: regulation by the microbiome. Neurobiology of Stress, 7, pp.124–136.

Capítulo 9

45   Buettner, D., 2012. The Blue Zones: 9 lessons for living longer from the people who've lived the longest. National Geographic Books.
46   Dokoupil, T., 2012. Is the internet making us crazy? What the new research says. Newsweek. www.newsweek.com/internet-making-us-crazy-what-new-research-says-65593 [acesso em 03/10/2018]; Twenge, J.M.; Joiner, T.E.; Rogers, M.L.; Martin, G.N., 2018. Increases in depressive symptoms, suicide-related outcomes, and suicide rates among US adolescents after 2010 and links to increased new media screen time. Clinical Psychological Science, 6(1), pp.3–17; Thomée, S.; Dellve, L.; Härenstam, A.; Hagberg, M., 2010. Perceived connections between information and communication technology use and mental symptoms among young adults-a qualitative study. BMC Public Health, 10(1), p.66.

Capítulo 10

47   Nielsen, J.A.; Zielinski, B.A.; Ferguson, M.A.; Lainhart, J.E.; Anderson, J.S., 2013. An evaluation of the left-brain vs.

right-brain hypothesis with resting state functional connectivity magnetic resonance imaging. PloS One, 8(8), p.e71275.

48 Bechara, A.; Damasio, H.; Damasio, A.R., 2000. Emotion, decision making and the orbitofrontal cortex. Cerebral Cortex, 10(3), pp.295–307.

49 Finkelstein, S.; Whitehead, J.; Campbell, A., 2009. Think Again: Why good leaders make bad decisions and how to keep it from happening to you. Harvard Business Review Press.

Capítulo 11

50 Beaty, R.E.; Kenett, Y.N.; Christensen, A.P.; Rosenberg, M.D.; Benedek, M.; Chen, Q.; Fink, A.; Qiu, J.; Kwapil, T.R.; Kane, M.J.; Silvia, P.J., 2018. Robust prediction of individual creative ability from brain functional connectivity. Proceedings of the National Academy of Sciences, 115(5), pp.1087–92.

Capítulo 14

51 Gotink, R.A.; Meijboom, R.; Vernooij, M.W.; Smits, M.; Hunink, M.M., 2016. 8-week mindfulness-based stress reduction induces brain changes similar to traditional long-term meditation practice – a systematic review. Brain and Cognition, 108, pp.32–41.

52 Johnson, D.C.; Thom, N.J.; Stanley, E.A.; Haase, L.; Simmons, A.N.; Shih, P.A.B.; Thompson, W.K.; Potterat, E.G.; Minor, T.R.; Paulus, M.P., 2014. Modifying resilience mechanisms in at-risk individuals: a controlled study of mindfulness training in Marines preparing for deployment. American Journal of Psychiatry, 171(8), pp.844–53.

53 Hurley, D., 2014. Breathing in vs. spacing out. New York Times Magazine. www.nytimes.com/2014/01/19/magazine/breathing-in-vs-spacing-out.html?_r=0 [acesso em 03/10/2018]; Wei, M., 2016. Harvard Now and Zen: How mindfulness can change your brain and improve your health. Harvard Health Publications; Rooks, J.D.; Morrison, A.B.; Goolsarran, M.; Rogers, S.L.; Jha, A.P., 2017. "We are talking about practice": the influence of mindfulness vs. relaxation training on athletes' attention and

well-being over high-demand intervals. Journal of Cognitive Enhancement, 1(2), pp.141–53.

54   Basso, J.C.; McHale, A.; Ende, V.; Oberlin, D.J.; Suzuki, W.A., 2019. Brief, daily meditation enhances attention, memory, mood, and emotional regulation in non-experienced meditators. Behavioural Brain Research, 356, pp.208–20.

55   Amihai, I.; Kozhevnikov, M., 2014. Arousal vs. relaxation: a comparison of the neurophysiological and cognitive correlates of Vajrayana and Theravada meditative practices. PloS One, 9(7), p.e102990.